いつも「お金がない」と
嘆いている
社長のための

資金繰りルールブック

税理士 髙橋昌也・著
RULE BOOK

SOGO HOREI Publishing Co., Ltd

はじめに

「なぜかわからないけど、お金がないんですよ」
　多くの中小零細事業主の方からよく、このような相談をされます。また、税理士という仕事をしていると、必ず次のような質問を受けます。
「借金の返済は経費にならないんですか?」
「利益が 100 万円あれば、お金は 100 万円増えたんですよね?」
　この本は、小さな会社の社長さんのそんな質問に答えられ、「資金繰りの難しさを実感できるようになる」「対処法を考えられるようになる」ことを目的としています。
　予想もしていなかったような大企業が倒産する世の中にあって、皆さんにとって本当に大切な会社を守るため、ぜひとも身につけていただきたいことを簡潔にまとめました。事業活動を続けるにあたって直面するであろう場面やステージを想定し、特に気を付けていただきたい事項をまとめていきました。実際には「既存事業の縮小を図りながら、新しい事業の拡大が必要になる」ようなケースもあるかと思います。
　それぞれの企業の現状に合わせて、横断的にお読みいただけると幸いです。何よりも大切なことは、本書に書かれている事項を実践していただくことです。
　本書が、多くの悩める社長様・事業主様の一助になることを祈っております。

2009 年初夏　世界同時不況の最中において
税理士・FP　髙橋昌也

目次

はじめに

第1章　用語の定義

1. 収益　　　7
2. 収入　　　9
3. 費用　　　13
4. 支出　　　16
5. 利益　　　22
6. 現金収支額　　　27
7. キャッシュフロー計算書　　　33
8. 資産　　　39
9. 負債　　　45
10. 資本　　　47
11. 用語の定義に関する注意　　　50

第2章　開業

1. どんな仕事をするのか　　　55
2. どんな規模まで育てたいのか　　　61
3. どれ位早く成果は出せそうか　　　64
4. 資金調達　　　67
5. 取引の仕組み　　　73
6. 生活費　　　76

第3章　拡大

1. 本当に拡大が必要なのか　　81
2. どれ位早く成果は出せそうか　　85
3. 事業からお金は稼げるようになっているか　　89
4. 投資の種類　　95
5. 資金調達　　97
6. 事業規模　　101
7. 単価設定　　106
8. 在庫数量　　113

第4章　維持

1. 事業の陳腐化　　119
2. 新規事業の開拓　　121
3. 既存事業を捨てる　　125
4. 事業の工夫　　127
5. お金の回り方を確認　　132
6. 借入と借換　　136
7. 生活費　　140

第5章　縮小

1. 事業の取捨選択　　147
2. 自社の強みを確認しておく　　151
3. 営業活動の重要性　　156

4．借入と借換　　　159
  5．決済のタイミング　　　164
  6．生活費　　　167
  7．撤退　　　170

第6章　節税

  1．本当に節税は良いものなのか？　　　175
  2．良い節税を選ぶこと　　　183
  3．捨てるということ、売るということ　　　186

おわりに　〜　金勘定だけの人生は虚しい

装　丁：戸倉巌（トサカデザイン）
イラスト：土屋和泉

第1章　用語の定義

まず、用語についてその内容を簡単に確認していきたいと思います。
各用語の内容を掴んでいただくことが、
読み進めるにあたってどうしても必要となってきます。
ある程度でかまいません。
今後も読み進めていくなかで
わからない言葉が出てきたときには、すぐにこの章に戻って
確認をしていただけるようお願いいたします。

まずは次の式をじっくりご覧ください。
今はまだこれらの式の意味がわからなくても結構です。
この章の各用語を読み進めながら、おりにふれ、下記の式を見返してみてください。

利益 ＝ 収益 － 費用
利益 ≒ 所得
利益 ≠ 収益
収益 ≠ 収入
費用 ≠ 支出
現金収支額 ＝ 収入 － 支出

それでは、各用語についてひとつずつ確認していきましょう。

第1章 用語の定義

1. 収益

 ポイント

- 収益とは（基本的に）売上高である
- 売上高 = 単価 × 数量
- 収益は事業の継続に必要不可欠
- 収益を計上していくにあたり、効率性を考えることが必要
- 「売上を計上すること」と「売上代金を回収すること」は別作業

収益を簡単に表現するならば「売上を計上すること」です。

取引先に商品を卸したり、小売業においては、お客様に商品を買ってもらう行為が①_____の計上、つまり収益を計上することにつながります。

さて、ここであえて確認をしておきたいのは、売上の総額を求める次の式です。

○ 売上高 = 単価 × 数量

売上の構成要素は単価と数量です。実際にはひとつの会社で複数の商品・サービスを販売していることの方が多いので単価も複数存在するでしょうし、一つの会社が異なる顧客層を有していることも決して珍しくはありません。しかしながら、どんな商品やサービスであろうとも②_____の求め方はこの式からはずれることはありませんので、しっかりと把握しておいてください。

---

①売上　②売上高

では、なぜこの式をあえてここで挙げるのでしょう。

実は、この式が実際の事業展開において非常に大きな意味合いを持ってくるからです。

はじめに触れましたが、本書の基本的な目的は資金繰りの難しさを実感し、対処法を考えられるようになること、というものです。そしてこれも本当にあたりまえのことなのですが、どのような事業活動であっても収益、つまり売上なくして継続することは不可能です。

最も良い資金繰り対策とは、売上を伸ばして①__資金__を獲得することであることに間違いありません。しかし、例えば売上を伸ばす以上に費用（詳細は後述）がかさんでしまえば、最終的に資金が不足することは目に見えています。

したがって同じ売上をあげるのでもより効率よく成果を出していく姿勢が必要になります。そして、効率性を考えるにあたり「売上高 ＝ 単価 × 数量」という算式は繰り返し見直す必要がある式なのです。

これに加えて、もう一つ把握しておくべき点があります。

それは、売上をあげることと、売上代金を②__回収__することはまったくの別作業ということです。この点について、多くの社長さんの認識は非常に甘いと言わざるを得ません。

繰り返しになりますが、収益を計上することとは「売上を計上すること」です。「売上代金を回収すること」とはまったく別の行為です。「売上代金を回収すること」とは、次の項目で説明する収入に該当します。

収益（売上の計上）と収入（売上代金の回収）はまったく別のものであるこのことを理解することから、会社の資金繰りを考える作業は始まるといっても過言ではありません。

次は収入について考えてみます。

---

① 資金　② 回収

2. 収入

 ポイント

- 収入とは現預金が増えることである
- 収入を増やすことで、資金繰りは改善される
- 企業にとってメインの収入は売上代金の回収である
- 収益と収入にはタイムラグがあることが多い
- 新しい借金で現預金が増えることも収入である
- 借入金は収入ではあるが、収益には該当しない

　収入とは、現預金が増えることを言います。売上を計上することは、収入には該当しません。

　売上の計上は収益に該当することは、前項においてすでに確認しました。

　収入は多い方が楽です。すごくあたりまえのことのようですが、資金繰りを考えるにあたって収入は多い方が良いに決まっています。

　収入源は色々と考えられますが、会社にとって最も重要なものは売上代金の回収。これに尽きます。

　事業活動の前提となるものは売上であるという点は、前項においても説明しました。なぜ売上（収益）が必要なのかといえば、収益がなければ会社に売上代金の回収（収入）がもたらされることはないからです。

　最も良い資金繰り対策とは、①◯◯を伸ばして②◯◯を獲得することと書きましたが、これは収益を伸ばして収入を獲得すること、と言い換えることもできます。

①売上　②資金

収入が増えるということは、現預金が獲得しやすくなるということです。このことが会社の資金繰りにとってどれほど良い影響を与えるのかは、あらためて考えてみるまでもないかと思います。だからこそ、事業活動の継続にあたって売上は重要なポイントとなるのです。

　ただし、ここで注意点があります。

　多くの社長さんが見逃しがちなのが、前項でも触れた効率性の観点です。売上は確かに重要なのですが、効率性を無視した売上計上は会社にとってむしろ害悪となる可能性があります。

　これらの点については、本書の中で少しずつ確認していきます。

　前項から繰り返し指摘していますが、収益と収入はまったく別の取引です。これを具体的に図を使って確認してみます。

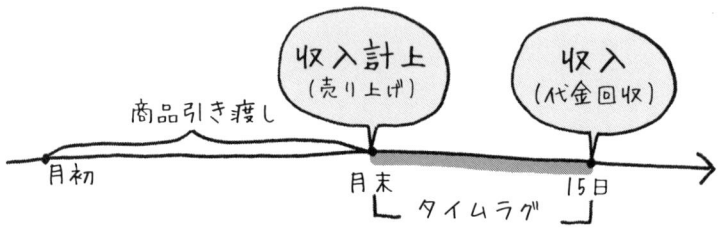

　上の図は、ある会社と取引先との代金決済、つまりお金のやり取りについての取り決めを表したものです。

　売上の計上については、月初から月末で一単位としているようです。それに対して、代金の回収は翌月の15日に設定されています。これを今まで説明してきた用語で書くと、

○ 収益の計上は月末
○ 収入の計上は翌月15日

というようになります。

　売上に絡む収益と収入の計上については①□□□が生じることが多く、通常、収益が先に計上されてから、一定期間後に収入が計上されます。

　特に製造業や卸売業など、顧客先一社ごととの取引が一ヵ月に複数回に渡って行われるような事業においては、基本的にこのタイムラグが発生します。

　コンビニのような小売業においては、このタイムラグは発生しないケースが多いです。皆さんもコンビニでお茶を買った時にはその場で代金を支払っているかと思います。この場合、コンビニ側からみれば収益と収入は同じ時点で計上されることになります。

　余談ですが、実はこのような小売業にあっても、最近では収益と収入の計上にタイムラグが発生することが多くなってきました。要因はクレジットカードや電子マネーの普及です。これは、厳密な意味では収入には該当しません。

　あくまで本書における定義ではありますが、収入とは「現預金の増加」と限定すべきです。電子マネーやクレジットでの決済は会社にはその時点では現預金の増加をもたらしていないのです。

　新しく②□□をして現預金が増えることも、実は収入に該当します。

　会社にとってメインの収入は売上代金の回収であることは繰り返し触れています。しかしながら、現預金が増えるという点において、借入金も収入に該当することを忘れてはいけません。

　当然ながら、借入金による収入は事業運営においてメインの収入源にはなり得ません。というよりもしてはいけないものです。

　借入金はいずれ返さなくてはなりません。一時的には収入をもたらしますが、長期的にはより多くの支出（詳細は後述）を会社にもたら

---

① 時間差　　② 借金

すことになります。この点についても多くの社長さんが認識していません。

　売上代金の回収による収入も新しい借入による収入も、現預金の増加をもたらす点についてはまったく同じです。しかし、両者は明確に区別されなければなりません。
　区別する方法について、本書ではキャッシュフロー計算書というものについて、後ほど簡単に説明させていただきます。

　そしてもう一つの大切なポイントは「借入金は収入であって、収益ではない」ということです。もし借入金が①□□□に該当するのだとすれば、売上と同じように②□□□されることになります。これではお金を借りても税金の心配をしなければならなくなり、安心して事業を継続することができません。
　この点について、多くの社長さんは「感覚的には理解している」状態なのですが、理屈については案外と理解されていません。
　実はこのポイントがしっかりと理解できていないと、"はじめに"に書いた、「借金の返済は経費にならないんですか?」という疑問に答えることができません。
　ややマイナスイメージが先行しがちな借入金ですが、上手に使えれば非常に強い味方となります。借入金について判断する際に重要なことは、やはり効率性の観点です。
　この点についても、少しずつ確認を進めていきます。

---

①収益　②課税

3. 費用

>
>
> - 費用とは仕入や人件費、家賃や税金などの経費のことである
> - 費用は収益に先行する
> - 費用は収益を生み出さなければならない
> - 大切なのは費用と収益のバランス（効率性の考え方）
> - お金が出ていかない費用もある
> - 借入利息の支払いは費用に該当する
> - 「経費が計上されること」と「経費の代金を支払うこと」は別作業

費用とは、仕入れや人件費、事務所の家賃や税金などの所謂「経費」と呼ばれるものです。

費用は事業活動の①[　　　]を生み出すものです。さも悪者のように言われてしまいがちな費用ですが、これがなければ事業活動が動き出すことはありません。商品がなければお客さんにものは売れませんし、人がいなければ仕事が回らないでしょう。

このことからも分かりますが、費用は通常、収益よりも先に計上されます。例えば小売業の流れをごく簡単にまとめてみると、

お金を用意する（その方法については後ほど確認していきます）
　↓
商品を仕入れる
　↓

---

① 原動力

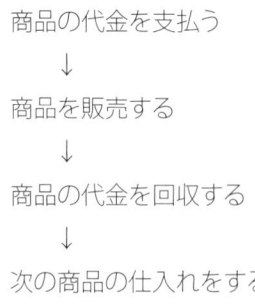

多少順番が入れ替わることも実際には多いのですが、まず確認をしておきたいことは「費用は収益よりも先に計上される」ということです。言い換えると、「収益を得るためには（普通は）費用が必要だ」ということです。

これもまた業種によっては例外がありますが、まず費用が計上される、つまり事業活動の原動力が動き出すことが必要不可欠なのです。そして、すでに収益の項目で確認したとおり、事業活動の継続には売上が必要不可欠です。

つまり、会社は費用をかけたからにはそれに見合った① [　　] を必ず計上しなければなりません。

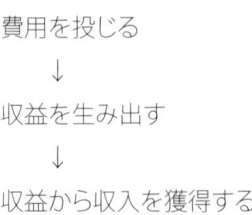

このサイクルを常に維持する必要があります。収益、つまり収入を生み出さない費用は、お金をドブに捨てたようなものです。

---

① 収益

実際には投じた費用すべてから収益が生み出されることはありません。つまりある程度の「捨て金」は必要となります。問題は捨て金も含めた費用とそこから計上される収益のバランスです。このバランスが崩れてしまうと、会社の資金繰りは急速に悪化します。
　費用を考える上でも大切なことは効率性の観点になるでしょう。

　次にご説明する事項も大変重要なことです。
「借入利息の支払いは費用に該当します」
　くれぐれも注意していただきたいのは、借入の「利息」という点です。銀行などから借入をして、その借金に対する利息を支払った場合には費用に該当するということです。
　やはりこの点をしっかりと把握しておかないと「借金の返済は経費にならないんですか?」という"はじめに"に書いた疑問に答えることができません。

　また、「お金が出ていかない費用」というものがあります。
　お金が出ていくことを支出と言います（次の項目でご説明します）が、費用の中には支出を伴わないものがあるのです。
　このことはなかなか理解が難しいかもしれませんが、本書の中で少しずつ補足していきますのでご安心ください。

　次は支出について考えてみます。

4. 支出

- 支出とは現預金が減ることである
- 支出を減らすことで、資金繰りは改善される
- 企業にとってメインの支出は経費の支払いである
- 費用と支出にはタイムラグがあることが多い
- 借金の返済で現預金が減ることも支出である
- 借入金の返済は支出ではあるが、費用には該当しない
- 生活費は支出として認識すべきである

支出とは、現預金が減ることを言います。経費を計上することは、支出には該当しません。経費の計上は費用に該当することは、前項においてすでに確認しました。

支出は少ない方が楽です。すごくあたりまえのことのようですが、資金繰りを考えるにあたって支出は少ない方が良いに決まっています。支出源は色々と考えられますが、会社にとって最も重要なものは経費代金の支払い。これが該当します。

ここでは「① ____ は少ない方が良い」という点と「② ____ は事業活動に絶対必要」という点をあわせて理解する必要があります。

事業活動の原動力は費用であるという点については、前項においても説明しました。原動力がなければ、会社は活動そのものを続けることができません。つまり「支出は少ない方が良い」からといって「やたらと費用を減らせば良い」ということにはつながらないということです。

---

① 支出　② 費用

支出に関するここまでの内容を、ぜひ収入の項目と比較してみてもらいたいのですが、収入は「多い方が良い」と程度単純に言いきれたのに対して、支出は「少ない方が良い」と単純に言いきれるわけではないことがわかります。

ある程度の支出がなければ、事業活動の結果として収入を得ることができません。お金をかけなければ、お金を手にすることはできないのです。言い換えると、収入をもたらす① □ は減らしてはいけないということです。

これもやはり効率性の観点からを考える必要性のあることです。

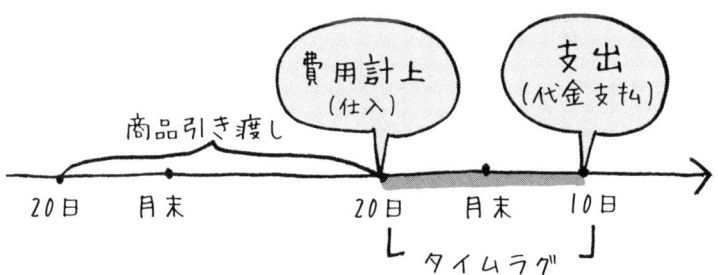

上の図は、ある会社と仕入取引先との代金決済、つまりお金のやり取りについての取り決めを表したものです。

仕入の計上については、毎月 21 日から翌月 20 日で一単位としているようです。それに対して、代金の回収は翌々月の 10 日に設定されています。これを今まで説明してきた用語で書くと、

○ **費用の計上は 20 日締め**
○ **支出の計上は翌月 10 日**

というようになります。

仕入や人件費に絡む費用と支出の計上については、時間差が生じる

---

①支出

ことが多いです。通常、費用が先に計上されてから、一定期間後に支出が計上されます。

小売店舗において現金払いで材料仕入れをしたような場合には、このタイムラグは発生しないことになります。コンビニで仕事に使うサインペンを購入した場合、現金で支払えば費用と支出は同時に計上されることになります。

そして、「借入金の返済で現預金が減ることも支出に該当」します。

お金が減るということに関して、多くの社長さんは非常に敏感になられているので、この点についてはそれほど疑問点もないのではないでしょう。

しかし、次のポイントについてはいかがでしょうか？

◯ 借入金の返済は支出であって費用ではない

この点について、理解が及んでいない社長さんが余りにも多いです。繰り返しになりますが、もう一度書いておきます。

◯ 新規借入金は収入であって収益ではない

借入金による収入が収益でないことは皆様おわかりいただけるかと思います。当然、借入金の返済も決して① [　　] にはなりません。つまり、借入利息の支払いは支出であり費用である、借入元本の返済は支出ではあるが費用ではない。ということです。

借入元本の返済は、借りていたお金を返したというだけの取引です。あらためて考えてみるとこれが費用にならないことはあたりまえなのですが、なぜかこの点について曖昧な理解をしている社長さんが多くい

---

① 費用

らっしゃいます。

　借入利息は借りていたお金以上に相手に対して返す部分です。
　利息を受け取った側においては収益として計上されることになりますし、支払った側においても費用になるのです。

　借入元本の返済及び利息の支払いは事業運営においてメインの支出源としては絶対にいけません。支出源のメインはあくまで通常の経費代金の支払いであるべきです。
　よくある「借金を返すために事業を続けている状態」とはまさしくこの状態を言います。一度こうなってしまうと、早々簡単にはこの状態から抜け出すことはできません。最悪なのは「借金を返すために借金をする」という事態です。これがいわゆる自転車操業の状態です。
　こうならない為には、事業運営において[①　　　]に頼り過ぎないという姿勢を保っておく必要があります。特に次章から検討を進めていく「開業」や「拡大」の段階においてこの点を忘れてしまうと、後に自転車操業の状態を招くことがよくあります。
　収入の項でも触れましたが、借入金自体には善も悪もありません。大切なのは「効率よく利用できるか否か」という考え方にあります。
　最後に一つだけ押さえておいていただきたいことがあります。多くの

---

① 借入金

社長さんの実態を踏まえての提言です。

　社長さんの生活費は、企業経営上は費用に該当しない支出として認識すべきです。

　法人であれば社長さんご自身に対して役員報酬が設定されていることかと思います。例えば役員報酬が50万円と設定されている場合、社長さんは私生活において毎月50万円の暮らしをしても良いものなのでしょうか？

　正解は「否」です。

　法人企業において設定されている役員報酬の金額とは、法人と社長個人を総合してなるべく税金が少なくなるように設定された「架空経費」のようなものだと考えておくべきです。

　社長さん個人の私生活は、事業の実態に即した金額に収められるべきです。

　小さい会社にとって、社長さんの財布と会社の財布は同じものだということです。事業運営の結果から許されるレベル以上の①[　　]を社長さんが送った場合、その会社は非常に高確率で潰れることになります。

　支出の定義についてもう一度触れておきます。

　支出とは、現預金が減ることを言います。社長さんと会社の財布がつながっている以上、社長さんが私生活で使う金銭も当然のことながら支出に該当します。その支出は事業運営上、費用には該当しません。

　事業上の活動について必要な経費のみが費用に該当します。生活費は事業上の経費ではないので、費用とはならないのです。

　その分を補てんしてくれるのが役員報酬です。しかし、役員報酬の金額は「架空経費」です。その金額を丸々私生活で使って良いということではありません。

---

①生活

社長さんの生活費による支出は、会社の帳面に出てくるものではありません。しかし、会社の事業活動を継続させることを考える場合には、非常に重要なポイントとなつてきます。
　この点については、次章以降において確認が必要なときに説明していきます。

5. 利益

- 利益 = 収益 − 費用
- 事業活動の成果を測るための一つの物差し
- 利益を増やすには「収益を増やす」か「費用を減らす」か
- 自己資金（返す必要がないお金）は利益から産まれる
- 企業の存続には利益が必要不可欠
- 税制において、課税の対象とされるのは利益
- 利益の金額と現金収支額はまったく異なるもの

利益は次の算式により計算されます。

○ 利益 = 収益 − 費用

売上から各種経費を引いた残額が利益です。この考え方自体は、それほどわかりづらいものではないかもしれません。

利益の数字は、事業活動の成果を測るための物差しと考えることができます。事業活動の原動力である費用が発生し、その結果としてどれくらいの収益が生み出されたのかが利益の数字からわかります。

投じられた原動力以上に成果が上がっていれば利益が計上されます。投じられた原動力を下回る成果しか上がっていない場合、利益ではなく損失が計上されることになります。

正常な事業活動の流れをあらためて書いてみます。

1. お金を用意する（方法については後ほど確認していきます）
   ↓
2. 商品を仕入れる（費用が計上される）
   ＜例：商品を70円で仕入れる＞
   ↓
3. 商品の代金を支払う（支出が計上される）
   ＜例：商品代70円を支払う＞
   ↓
4. 商品を販売する（収益が計上される）
   ＜例：商品を100円で販売する＞
   ↓
5. 商品の代金を回収する（収入が計上される）
   ＜例：商品代100円を回収する＞

　利益の金額は2と4の取引から計算されます。決して3と5の取引から計算されるものではない点にご注意ください。
　収益や費用の項目を説明する際にも効率性という言葉を繰り返し使ってきました。収益や費用が効率的に計上されていたのかを測るために利益を用いることができます。
　上記の例において、より効率性を高める方法は二つあります。

○ ① ☐ を増やす
○ ② ☐ を減らす

　この二つの方法は、通常組み合わせて活用すべき手段です。事業運営の効率性を高めるには、収益を高めながら費用を減らす方法を考えなければなりません。

---

① 収益　② 費用

ところが、とかく効率性の問題を考えようとする場合、どうしても費用を減らすことばかりに目が行きがちになってしまいます。特に不景気の時期にあってはその傾向が著しくなってきます。

大切なことは、投じた原動力（費用）に見合った成果（収益）を獲得するための努力です。

単純に費用、つまり原動力を削るだけのやり方では、効率性を上げる、つまり利益を伸ばすことはできません。

事業運営の継続を考えるにあたり、利益は絶対に必要なものです。なぜなら事業を継続するために必要な現預金は、利益から生み出されるからです。

この利益から生み出される現預金を①[　　　　　]と呼びます。自己資金とは、外部に対して返済する必要がない資金です。他人から借りたお金はいずれ返さないといけませんが、自己資金はそのまま事業活動に用いることができます。

収入や支出の項目において、借入金に頼りすぎることの恐ろしさを説明しました。会社を存続させるただ一つの手段とは、利益をあげてそこから自己資金を獲得し、次の事業に投じることです。

収益の項目において、最も良い資金繰り対策とは「売上を伸ばして資金を獲得すること」と書きましたが、もう少し正確に書き表すと「利益をあげてそこから自己資金を獲得すること」ということになります。

何度も繰り返すようですが、事業運営において常に考えていなければならないことは効率性のことです。利益をあげられる経営とは、すなわち効率性を重視している経営に他なりません。経営者が常に考えなければならないのは「最小の原動力（費用）で最大の成果（収益）を」という合理性の観点に他なりません。

---

①自己資金

しかし、あえて指摘をさせていただきます。

利益をあげることが事業運営のすべてではありません。会社の利害関係者（取引先や社員）に報いることも大切なことですし、社会の役に立つような活動をすることだって決して忘れてはならないことです。

しかしながら、そういった「企業がやらなければならないこと」をやるためには、利益を追い求める姿勢が必要不可欠です。利益から自己資金を獲得しなければ、やらなければならないことを継続することも不可能です。

利益至上主義というとどことなく「金の亡者」のようなイメージをもたれてしまうかもしれませんが、利益を求めること自体が悪ではないことはしっかりと確認しておいてください。

日本の税制において最もポピュラーな所得税や法人税は、基本的にこの利益に対して課税されることになります。利益のことを税務的には「所得」と言います。また、法人税のことを「法人所得税」と呼ぶこともあります。

つまり個人所得税も法人所得税も所得、つまり① □ に対して課される税金ということです。

最後にとても重要なこと。

利益の金額と現預金がいくら増えたのか、ということはまったく関係

---

① 利益

がありません。

もう一度利益の計算式を書いてみます。

○ 利益 = 収益 - 費用

これまで繰り返し指摘していますが、収益と収入はまったく異なる取引です。費用と支出もまったく異なる取引です。

収益は売上の計上、費用は経費の計上でした。そして収入は代金の回収や新規借入金による現預金の増加、支出は代金の支払、借入金の返済による現預金の減少を示す取引でした。

利益は収益と費用から計算されます。そこから[①　　　]がいくら増えたのか、減ったのかという計算をすることはできません。

現預金が幾ら増えて減ったのか、ということを計算できるのは次の項目で説明する現金収支額です。

---

①現預金

6. 現金収支額

>
>
> - 現金収支額＝収入－支出
> - 現預金の増減は利益ではなく現金収支額によって計算される
> - 企業を潰さない為に最も気にしなければならない数字
> - 収入と支出の種類について気にしなければならない

最初にお断りしておきますが、会計用語として現金収支額という言葉は存在しません。ただし資金繰りを考えるにあたってどうしても必要な考え方であるため、本書における独自の用語として設定しました。

○ 現金収支額 ＝ 収入 － 支出

収入（売上代金の回収や新規借入金）から支出（経費代金の支払いや借入金の返済）を引いた残額が現金収支額です。前項の最後でもご説明しましたが、現預金の増減額は① ◯◯◯ では計算することができません。具体的な例を使ってみてみましょう。

売上（代金はすぐに回収）	100
費用（代金はすぐに支払）	40
借入金の返済額	30

わかりやすいように、売上や経費については収益と収入、費用と支出の計上は同時に行われているとします。この例では、利益はいくらになるでしょうか？

①利益

正解は、収益 = 100　　費用 = 40　　利益 = 100 − 40 = 60
ですね。
　では、現預金はいくら増えたでしょうか？

○ **収入 = 100　　支出 = 40 + 30 = 70**
○ **現預金の増減額 = 100 − 70 = 30**

　現預金の増減額は 30 となりました。
　利益の 60 と現金収支額の 30 との間には、直接のつながりはありません。なぜかといえば、利益の計算式と現金収支額の計算式は計算要素がまったく異なるからです。前者は収益と費用が、後者は①□と②□がそれぞれ計算要素になっています。

　収益と収入、費用と支出はまったく異なるものであることは繰り返し説明してきました。

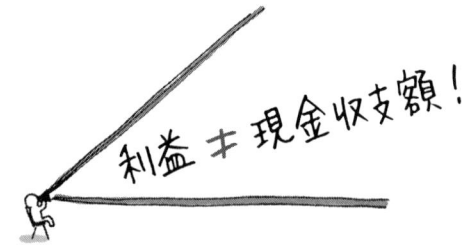

　資金繰りを考える上で基本的に目指すべきことは、現金収支額を良好な状態にすることです。

　皆様は会社が潰れる理由をご存知でしょうか？　世の中の景気が悪くなったとか、売上が減ったとか、社長が急逝したといった理由は間接的なものに過ぎません。会社が潰れる本当の理由はたった一つです。

---

① 収入　　② 支出

それは^①□がないことです。

GMやリーマンブラザーズといった大企業が破産した原因も、突き詰めていえば現預金がなくなったことに尽きます。

会社を潰さない一番確実な方法は、常に手元にある程度の資金を置いておくことです。

現金収支額は現預金の増減を測ることができる数字です。したがって会社を防衛する観点からいえば、現金収支額は最も重要視すべき数字といえます。

現金収支額を良好な状態にするためにやるべきことは二つです。

○ ^②□を増やす
○ ^③□を減らす

利益の項目においても似たような話がありましたが、この二つは組み合わせて考えるべき手段です。支出を減らしながら収入を増やす取り組みが必要です。

ところが、これもまたありがちなのですが、効率性を考えるにあたって支出を減らすことばかりに気が行ってしまうケースが目立ちます。

たしかに収入を増やすよりも支出を減らす方が簡単ではあります。

---

①お金　②収入　③支出

しかし、その方向性のみを突き詰めても、結局は息詰まることが明白です。

なぜなら支出をゼロにすることは不可能だからです。適切な支出なくして会社に収入がもたらされることはないのです。

事業活動の流れを考えると、どうしても支出が収入に[①　]します。

したがって、どのような状況にあろうとも収入と支出は両面から考える必要があります。

大切なことは、投じた支出に見合った収入を獲得するための努力です。単純に支出を削るだけのやり方では、効率性を上げる、つまり現金収支額を改善させることはできません。

それでは、利益の項目においてはそれほど気にしなかった点について考えてみましょう。

収入や支出においては、種類を気にする必要があります。

収入と支出にはそれぞれ次のようなものがありました。

○ **収入 = 売上代金の回収・新規借入金**
○ **支出 = 経費代金の支払・借入金の返済**

この点をよく理解しておかないと、現金収支額を単に眺めているだけでは事業運営の方針について誤ってしまう可能性があります。

次のような例題を考えてみます。

収入	500
支出	400
現金収支額	500 − 400 = 100

これだけみると、上記の会社は良好な資金繰りを実現しているように見えます。

---

① 先行

しかし、それぞれの内訳が次のような感じだったらどうでしょうか？

収入	売上による収入 250 新規借入による収入 250
支出	経費による支出 300 借入返済による支出 100
現金収支額	500 － 400 ＝ 100

この会社は、事業そのものからではお金を手に入れることができていません。むしろ収入よりも支出の方が優っている（250 － 300 ＝△50）状況にあります。現状のままでは、事業を続けるほどお金が失われていく状況にあることになります。

なぜこの会社が潰れないで済んでいるのかといえば、返済を上回る新規借入を起こすことでお金を継ぎ足しているからです。

しかし、こんな状態がいつまでも続くわけがありません。事業から利益を生み出し①____（他人に返済をする必要がないお金）を獲得できない会社に対して、銀行がいつまでもお金を貸してくれるわけはありません。

このままではこの会社は遠くない将来、銀行から見放されて新規の借入を断られ、倒産する運命にあるでしょう。

収入については、売上代金の回収から発生するものが充実するようにしなければなりません。借入金に頼り過ぎて事業運営をすることの恐ろしさは、すでに何度か触れてきました。

支出については、状況に応じた判断をする必要があります。借入の返済をメインの支出源にしてはいけないことは支出の項目においてすでに触れました。

しかし、場合によっては借入の返済をどんどん進めた方が良いこともあります。逆に借入の返済を遅くした方が良いこともあります。

---

① 自己資金

それぞれどんな場合が該当するのかについては、次章以降において少しずつ確認をしていきましょう。
　常に忘れてはならないことは会社を潰さないという大前提です。

　収入と支出の種類について気にかける必要があることを説明しましたが、その為にとても便利な書類があります。
　それが次項において説明するキャッシュフロー計算書です。

7. キャッシュフロー計算書

> **ポイント**
> - 収入と支出の種類分けをするための資料である
> - 手作業で作成するのは難しい
> - 現実的には、税理士などに頼むか会計ソフトを活用するか
> - 定期的に読むことで、会社の現況が把握できる

　キャッシュフロー（CF）計算書とは、会社の収入と支出の状況について種類分けをして表示してくれる非常に便利な資料です。前項で説明したとおり、収入と支出を考える際にはその種類が非常に重要となります。

　しかし、一つずつの取引をすべて確認することは現実的ではありません。そこで、このキャッシュフロー計算書を用いることで会社の全体的な資金繰りの状態が把握できるようになるのです。

　ただし、作成するにあたってはそれなりの会計知識が必要とされます。

　一般の人が手作業で作成をするのは難しいでしょう。

　現実的にこの資料を使うためには、税理士などに作成を頼むかキャッシュフロー計算書に対応した会計ソフトを利用することをお勧めいたします。

　この資料がなくても、会社の資金繰りを考えることは十分に可能です。しかし、これがあると判断をするにあたってとても助かるのも事実です。

　次にキャッシュフロー計算書の書式を載せてみます。

営業活動による キャッシュフロー	＋40	売上代金の回収 仕入代金の支払 人件費の支払 …… etc.
投資活動による キャッシュフロー	△10	設備投資 有価証券売買 …… etc.
財務活動による キャッシュフロー	△15	新規借入 借入返済 …… etc.
現預金の増減額	＋15	
現預金の期首残高	10	
現預金の期末残高	25	

　キャッシュフロー計算書は、大概の場合六つの区分に分かれています。上から順にその内容を説明していきます。

○営業活動によるキャッシュフロー（営業ＣＦ）

　本業からどれだけの現預金を獲得できたのかについて表示されます。この区分がこの表を見る上で最も重要なポイントです。

　あたりまえのことなのですが、この区分は絶対にプラスでなければなりません。もしここがプラスを保てないということであれば、事業を続けていても①_____が獲得できないということになります。つまり、事業を続けるほどにお金が出ていってしまう状態なわけです。そのような状態で、会社を存続させることができるわけがありません。

○投資活動によるキャッシュフロー（投資ＣＦ）

　ここでは会社が投資活動にどれだけのお金をかけているのかがわか

---

① 現預金

ります。ここでいう投資活動とは、新しい機械設備の購入などが該当します。いわゆる固定資産の購入がここに該当してきます。

固定資産については次の項目において少し説明していきますが、正常な会社の場合、この区分はマイナスとなります。

成長している会社においては、利益から獲得された自己資金が設備投資などに回されることになります。言い換えるならば「固定資産を購入するために[①_____]が計上される」ことになります。つまり、真っ当に成長をしている会社であれば、この区分はマイナスになるはずなのです。

○財務活動によるキャッシュフロー（財務ＣＦ）

ごく簡単にまとめるならば借入金のやり取りによる現金の増減を表示します。新規の借入金があればプラスになるでしょうし、既存借入の返済のみであればマイナスになるでしょう。

また、それほどあることではないかもしれませんが、出資を受けた場合にはこの項目がプラスされることになります（詳しくは資本の項目で説明します）。

この区分についていえば、プラスが良いかマイナスが良いかは状況によります。

これについては、後ほど具体例を見ながら検討していきます。

○「現預金の増減額」「現預金期首残高」「現預金期末残高」

それぞれ計算の結果が表示されます。

現預金の増減額は、営業活動・投資活動・財務活動によるキャッシュフローを合計した数字が入ります。その合計した金額が期首残高に加えられ、期末残高が計算されます。

この例でいえば、

---

① 支出

- 期首残高　10
- 増減額　　15（40 − 10 − 15）
- 期末残高　10 + 15 = 25

となります。

　ここで、いくつかのキャッシュフロー計算書を載せてみます。

　それぞれの会社がどんな状態にあるのか、検討してみましょう。なお、期首残高や期末残高、全体での増減額は省略します。

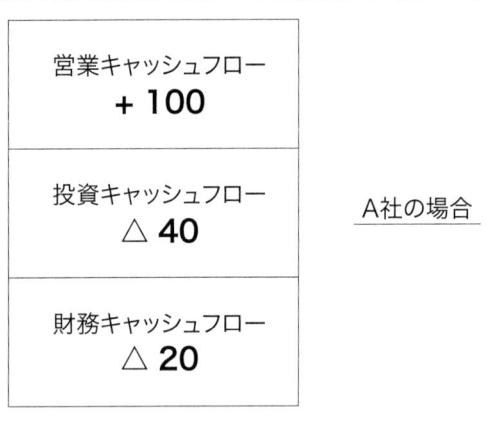

営業キャッシュフロー + 100
投資キャッシュフロー △ 40
財務キャッシュフロー △ 20

A社の場合

　この会社は、中々良い状態にあると考えられます。

　営業CFがプラスであることから、本業からきちんと現預金を獲得できていることが分かります。

　投資CFや財務CFがマイナスであることから、獲得した資金を設備投資に回したり、既存借入の返済に回していることも分かります。

　今まで本書において確認してきた事業運営の流れを適切になぞっているように見受けられます。

　次の会社です。

```
┌─────────────────────┐
│  営業キャッシュフロー  │
│       + 30          │
├─────────────────────┤
│  投資キャッシュフロー  │      B社の場合
│      △ 50           │
├─────────────────────┤
│  財務キャッシュフロー  │
│       + 30          │
└─────────────────────┘
```

この会社は、中々挑戦的な活動を行っているようです。

営業 CF はプラスが確保されています。

しかしながら、投資 CF のマイナスはそれを上回っています。つまり、事業から獲得された資金以上の設備投資を行っているのです。

その資金不足を賄うために、新たな借入金に頼っているようです。だからこそ財務 CF がプラスになっているのです。

次の会社はどうでしょうか。

```
┌─────────────────────┐
│  営業キャッシュフロー  │
│      △ 20           │
├─────────────────────┤
│  投資キャッシュフロー  │      C社の場合
│       + 10          │
├─────────────────────┤
│  財務キャッシュフロー  │
│       + 30          │
└─────────────────────┘
```

この会社は非常に良くない状況にあるようです。

　まず営業 CF がプラスを確保できていません。つまり事業から自己資金を獲得できていないことになります。

　その資金不足を賄うために、既存の設備を売却したり新たな借入金を起こしているようです。そのため、投資 CF 及び財務 CF がプラスになっています。

　このままでいけば、この会社は事業から[① 　]が獲得できないわけですから倒産してしまうことになるでしょう。

　ポイントは、上記三つの会社はどれも現金収支額はプラスであるという点です。

A	100 − 40 − 20 = 40
B	30 − 50 + 30 = 10
C	-20 + 10 + 30 = 20

　単純な現金収支額から考えるならば、どの会社も収入が支出を上回っている点については異なりません。ただし、どのような収入から現金を得ているのかについて大きな違いがあるのです。

　繰り返しになりますが、キャッシュフロー計算書がなくても会社の資金繰りについて考えることはできます。

　ただし、これまでで確認できるように、この資料を使いこなせると企業活動の成果が全体的に、かつ簡単に把握することができます。

　もしキャッシュフロー計算書を利用できる環境にある方（顧問税理士がいる・対応する会計ソフトを利用しているなど）は、是非とも作成して読んでみてください。

---

①資金

8. 資産

> **! ポイント**
> - 資産とは、企業に収入をもたらすものである
> - 収入をもたらさない資産は、名ばかりの存在である
> - 固定資産に関する経理では、支出が先行して後から費用が計上される
> - 固定資産の購入にあたっても、重要なのは資産性と効率性の観点である

　資産という言葉は実に色々な定義があります。しかし、本書においてはあくまで会社の資金繰りを良くする観点から定義をしていきたいと思います。

　資産とは、会社に①□□□をもたらすものです。例えば商品を仕入れた場合、その商品は販売することで会社に収入をもたらしてくれます。
　その意味で商品は資産性を有すると考えることができます。また、売上の計上と売上代金の回収にタイムラグがある場合、会社は販売先に対して代金請求権を持つことになります（会計的には「売掛金」と呼ばれる存在です）。この売掛金は、決済日がくれば相手が代金を支払ってくれるわけですから、やはり資産性を有することになります。

　さて、ここで不良在庫の存在について考えてみたいと思います。
　この不良在庫は、長らく企業の帳面に資産として表示されてきました。
　しかしながら、あまりにも流行遅れだったり、機能面が劣っていることからすでに販売される見込みはまったくない状態です。それでもこの

---
① 収入

在庫は資産と言えるのでしょうか?

　税務的にはやや複雑な問題を含む事例ですが、ごく簡単にまとめてみます。

　こういった在庫はすでに資産性を有しません。

　繰り返しになりますが、資産の要件は「会社に収入をもたらすもの」です。したがって、この在庫は会社に収入をもたらさないわけですから資産として認めるわけにはいきません。

　ここで多くの会社の現状について指摘させていただきます。

　あまりにも多くの不良在庫が資産として帳面に計上されています。しかも、これらの在庫は買った時の値段で会社の帳面に計上されています。しかし、実態は「帳面の上だけに存在する幻のようなもの」なのです。

　この不良在庫の存在が、会社の現状認識を著しく難しくしているケースが少なからずあります。

　会社が保有する資産は、本物の資産である必要があります。①_____をもたらさない見せかけの資産が存在することは事業運営にとって大きなマイナスポイントとなります。

　資産についての理解を深めていただくために、キャッシュフロー計算書の項目でも簡単に触れた設備投資、つまり固定資産について説明していきます。少々難しいかもしれませんでしたが、できれば理解していただいた方が良い考え方なので、頑張ってついてきてください。

　まず、皆さんに一つの問題を出させていただきます。

○ ふせん紙と自社ビルの違いはなんでしょうか?

---

① 収入

第 1 章 用語の定義

　最初に共通することを挙げてみましょう。どちらも事業に使うものであることという点は共通です。小さな文房具でも自社ビルでも、商売に必要であるという点についてはかわりがありません。

　このことは、会計的には「どちらも費用として計上することができる」ということを意味します。ふせん紙も自社ビルも事業活動のための原動力であるという点については同じなのです。

　では、この二つはどこが異なるのでしょうか？　いくつか挙げてみましょう。

　○値段　○使える時間　○大きさ

　当然のことながら、自社ビルの方が高いし、長く使えるし、大きいです。ビルともなれば、おそらく数十年は使うことができるのではないでしょうか？

　では、ふせん紙を買ったときと自社ビルと建てたときで同じように経理しても良いでしょうか？　両者の間にはあまりにも大きな違いがあります。しかし、どちらも費用を計上できる点は同じなのです。

　そこで、会計においては次のような考え方が生み出されました。

　まず、固定資産という考え方です。

　固定資産とは、高くて長く使えるものをいいます。意外かもしれませんが、大きさはあまり関係がなかったりします。例えば一本 100 万円する万年筆は、立派な固定資産にあたります。

　固定資産については次のような経理をすることになりました。

○ 買った時点で① [　　] を計上する
○ 使った分だけを② [　　] として計上する

　例えば自動車を例にとってみます。

---

①支出　②費用

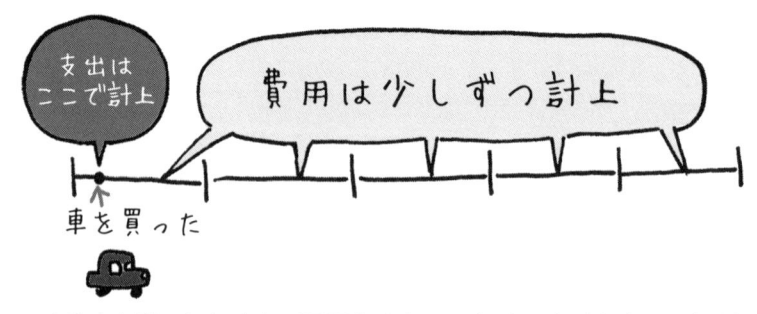

自動車を購入した時点で現預金は出ていくことになります。つまり支出が計上されることになります。

　仮に借金をして購入したのだとしても、借入金の収入があった上で車の代金が支払われることになるので、会計的には大きな違いはありません。

　車を買った時点では一切の費用が計上されないのが最大のポイントで、車が使える期間を仮定してその期間に応じて車の費用配分を行うのです。

　例えば車の値段が500万円、使える期間が5年間だとしましょう。計算方法には色々と種類があるのですが、一番簡単なものを使うと一年間で費用にできる金額は次のようになります。

○ **一年間の費用 = 500万 ÷ 5年間 = 100万円**

　一年間あたり100万円が費用として計上され、それが5年間続くのです。

　このような手続きを減価償却といいます。上記の例でいえば、一年あたり100万円計上されるこの費用を減価償却費と呼びます。

　繰り返しになりますが、会社の資金繰りを考える上で最も大切なこと

は支出が費用に^①□□するという事実です。

　固定資産を購入した時点で会社に起こることは「お金を払ったのに費用が計上されない」という事実です。このことが設備投資を行ったばかりの会社で資金繰りが苦しくなる原因となります。

　税金は利益に対して課されます。

　しかし、固定資産を購入することで起こるのは費用ではなく支出であり、支出は利益を計算する場合には何の関係もないのです。

　したがって、税金を払う会社が設備投資を行うと次のようなことが起こります。

「固定資産を買ってお金がないのに、利益に対して税金が課税される」これは固定資産を購入する場合にバランスを考えるべきことを示しています。

　過度な設備投資によって手元現預金が減り過ぎると、このような事態が起こります。

　あわせて、もう一つ確認をしておきたいことがあります。

　費用のところで「お金が出ていかない費用が存在します」ということに少し触れました。この代表例が減価償却費です。減価償却費は、費用として計上される時点では支出が計上されません。支出は購入した時点においてすでに計上されています。

　このことから、減価償却費は支出を伴わない^②□□であることが分かります。

　固定資産の経理については以上で確認を終わります。難しい内容ですので、一度読むだけで止めずに何度か繰り返し読んでみてください。

　固定資産を購入するにあたっても常に考えるべき事項があります。
　資産性と効率性の問題です。

---

①先行　　②費用

例として、1,000万円の大金を投じて新しい機械設備を購入した場合を考えてみましょう。

　いざ機械を搬入し稼働させようとしたその時期、突如生産する予定だった商品が生産中止となってしまいました。この機械はその商品専用に購入したものですので、他の用途には適しません。この状態にあって、この機械設備は資産と呼ぶことが適当でしょうか？

　答えは「否」です。

　固定資産は資産の一つですので、やはり資産性を有するか否かは「会社に収入をもたらすかどうか」という観点から検討されます。上記の機械は、会社に収入をもたらさないのですから資産とは言えません。

　また、同じ金額の設備投資をするにしてもより効率性の高い手段を選択すべきです。

　AとB、二つの機械があり、どちらも1,000万円で購入できるとしましょう。Aを購入すると作業工程が省略できることから、人件費などの費用（支出）が削減できることになります。Bを購入すると作業工程はある程度しか省略できませんが、生産量が飛躍的に増大することから収益（収入）増と費用（支出）減の両方が見込めることになります。

　無論実際に稼働させてみないことには分からないことも多いでしょうが、上記の例でいえばおそらく①□を選ぶ方が効率的でしょう。もしAの費用（支出）削減効果が相当にすごいのであれば、もちろん考慮の余地はあります。

　固定資産で大切なことは、その資産をいかに有効活用して会社により多くの収入をもたらすかどうかを考えることなのです。

---

①B

第1章 用語の定義

9. 負債

> **ポイント**
>
> ・負債とは、企業に支出をもたらすものである
> ・負債は資金源の一つ
> ・負債 = 悪という発想法は正しくない
> ・重要なのはバランスと効率性

資産の定義に比べて、負債の定義は比較的簡単です。

負債とは、会社に①_____をもたらすものです。

仕入の計上と仕入代金の回収にタイムラグがある場合、会社は仕入先に対して代金支払義務を持つことになります（会計的には「買掛金」と呼ばれる存在です）。

この買掛金は、決済日がくれば相手に代金を支払う必要があるわけですから、負債性を有することになります。

また、借入金は代表的な負債ですが、いずれ借りた銀行なりに返済をしなければなりません。借入金を有しているということは、支出がもたらされることを意味します。

この負債ですが、別の側面から考えてみましょう。事業運営に必要な資金をどのように調達したのか、という考え方です。

買掛金について考えてみます。

買掛金とは「商品を仕入れたのにまだ代金を支払っていない状態」です。これを言い換えるならば「仕入先に支払うべきお金を借りている状態」と考えることもできます。さらに言えば、②_____からお金を借りて事業運営を行っていることになります。借入金の場合には、借入

---

①支出　②仕入先

先が銀行などであるということです。

　事業を継続していくためには、資金が必要であることは繰り返し確認してきました。事業運営を止めない為には、常に資金を獲得し続ける必要があるのです。

　その資金源として理想なのは利益から獲得される自己資金であることは間違いがありません。しかし、事業運営の流れの中においては一時的に現預金残高が減少したり、利益の計上が遅れるようなケースは多々発生します。そういった場合に、手元に資金がないからといって事業を止めるわけにはいきません。

　そこで負債という①_____が活用されるのです。

　負債はいずれ外部に返済しなければなりません。しかし、上手く活用することができれば自己資金のみでは達成不可能な成果を出すことが可能です。

　負債 = 悪という図式は決して正しくありません。使いようによって、負債は非常に強力な武器となりうるのです。

　大切なことはバランスと効率性です。

○ 自己資金と負債をどういったバランスで両立させるのか。
○ 利用した負債から効率的に収益を生み出し、利益から自己資金を獲得できているか。

　この二点さえしっかりと認識していれば、負債を用いることを過度に恐れる必要がありません。

　しかし、残念なことに多くの会社はこの点に関する認識が非常に甘いです。そういった会社においてまず求められるのは借入依存体質からの脱却でしょう。

---

① 資金源

10. 資本

> **!ポイント**
> ・資本とは、事業活動の元手である
> ・資本は他人に返す必要がない資金源
> ・利益は資本に組み入れられる
> ・自己資本の充実が、潰れにくい企業への第一歩

　資本とは、事業活動の元手です。どんな事業にも元手は絶対に必要です。これがなければ事業そのものを始めることができません。

　費用と利益の項目において次のような小売業の流れを書きました。

　　お金を用意する（資本）
　　　↓
　　商品を仕入れる（費用）
　　　↓
　　商品の代金を支払う（支出）
　　　↓
　　商品を販売する（収益）
　　　↓
　　商品の代金を回収する（収入）
　　　↓
　　次の商品の仕入れをする

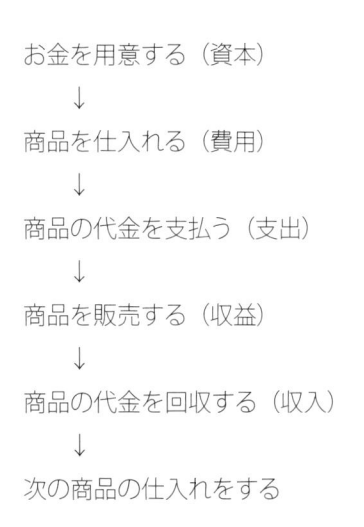

最初の「お金を用意する」のが資本の役割です。

前項で説明した負債も資金源の役割を果たしていましたが、資本と

は決定的に異なる点があります。それは資本は外部に対して①□□□する必要がないということです。後々会社に支出をもたらすことがないので、より安全な資金源として負債よりも資本の方が好ましいと言えるでしょう。

資本は通常、社長自身か親族が用意しています。この最初に投じた資金を事業経営を通じて増やすことが、企業運営の一番分かりやすい目的ということができます。

当然のことながら、その事業運営においては効率性の追求や利害関係者との約束を果たすなど、これまで本書で確認してきた事項を実践する必要があります。

実はこの元手を最初から負債でまかなうこともできます。たしかに、最初から借入を活用することで、より大きな事業からスタートすることは可能になります。

しかし、負債で最初の元手をまかなうということは、後々多大なる②□□□が発生することを覚悟する必要があります。この場合、でき得る限り早く大きな収益をあげ利益を計上し、自己資金を獲得していく必要があります。

本書では「利益から自己資金を得ることが重要」と説明してきました。実は利益は会社の資本に組み込まれていくのです。

つまり、事業活動から生じた利益は、外部に返済する必要がない資金源、つまり資本へと組み込まれていくのです。なぜこれが重要なのかといえば、繰り返しになりますが、外部に返済する必要がないからです。

資金源として負債と資本という二種類があり、両者の違いは外部に対して返済義務があるかないかという点だということがわかりました。当然のことながら、潰れにくい会社を目指すならば資金源としてより活

---

① 返済 　② 支出

用すべきなのは資本の方です。ただし、負債を上手に使えれば、資本だけでは達成できない成果を出すことが可能であることも事実です。
　大切なのは、資金源のバランスをとることと、経営の効率性を高めることなのです。

11. 用語の定義に関する注意

　ここまで用語の定義を説明してきました。

　ここで一つ注意していただきたい点があります。

　これらの定義は基本的に会計学を基礎としています。ただし、これらの定義が唯一、絶対に正しいものなのかというと決してそうではありません。

　会計学にも歴史や学派が存在し、資産性などの考え方については様々な考え方が存在します。本書においては、資産性とは「会社に収入をもたらすもの」と定義づけていますが、その他の定義も存在するということです。

　他の書籍などにおいて本書とは異なる定義を目にすることがあるかもしれませんが、それはどちらもが正解だと理解していただけると幸いです。

　また、最も注意していただきたいのは税務用語です。

　例えば所得税において「総収入金額」という用語が出てきます。この言葉は、本書でいうところの「収益」と近い意味合いで使われています。決して「収入」ではない点についてよく確認しておいてください。

　事業所得（商売での儲け）を計算する算式は、次のように定義されています。

○ 事業所得 = 総収入金額 − 必要経費

　上記の点を考慮せずにこの算式を読んでしまうと、少々混乱してしまうかもしれません。

この算式を本書の用語で書きなおすと次のようになります。

○ 利益 = 収益 − 費用

　これらの点については、あまり難しいことを考えず「そういうものだ」と覚えてしまった方が楽でしょう。

第2章　開業

この章から
ステージ別の資金繰りについて考えていきたいと思います。
最初は開業です。
すべての会社にスタートが存在します。
事業経営は昔から戦争にたとえられますが、
戦いは開戦する前から始まっているものです。
適切な準備をしてから事業を開始することで、
その成功率は飛躍的にアップします。

新規に起業する方に限らず、既存会社の経営においても開業の精神は必要になります。
これもよく言われることですが、同じ仕事ばかりやっていると会社の寿命は早く終わるとされています。インターネットなどの情報技術の発展や大手企業の合併連合などを原因として、今まで通用していた事業の方法が急速に陳腐化されるようになってきました。
このような状態にあって、規模の大小を問わず自社の事業を問い続ける姿勢がますます求められているとも言えるでしょう。

必要なことは、自社の事業が他人によって陳腐化されるのではなく、自らの手によって陳腐化されるようなチャレンジ精神を持ち続けることです。その意味でも、開業時の心構えは常に覚えておくべきでしょう。
「既存の事業を変える」「新しい事業を始める」時に適切な資金繰り対策をしないまま事業を展開してしまうと、会社全体の活動に深刻な悪影響を与えてしまうおそれがあります。事業活動を継続するためにも、開業時の対策をしっかりと理解しておきましょう。

1. どんな仕事をするのか

> **！ポイント**
>
> ・事業の種類によって、必要な資金量は大きく異なる
> ・「やりたいこと」も大切だが、「できること」をしっかりと把握する
> ・「やらなければならないこと」を常に設定する
> ・新規参入をする見込みがある分野なのかをしっかりと考える
> ・参入するにしても、そのやり方については考慮が必要である
> ・「自分のやり方」を何となくで良いので考えておく
> ・やり方を考える際には、自分の強みや長所を前提とすること
> ・「自分がマネしやすい分野」は「他人にマネされやすい分野」である

まず開業をするにあたって大前提があります。

これから開業する事業にどれ位の資金が必要なのか、皆さんは大体把握されているでしょうか？

始める事業の種類によって、必要な資金量は大きく異なります。私の職業である税理士などは、極論すれば有資格者一人いれば始められる仕事です。したがって、始めるにあたってそれほど多額の資金は必要とされません。また、事業の継続においても、節度ある経営を心掛けていれば維持費用は多くかかりません。

これが機械製造業や卸売業ともなると、開業資金は多額にならざるを得ません。製造するための機械、商品保管や作業のための工場など

物や場所、人を用意しなければいけません。また、それらの維持修繕など多額の費用が継続的にかかります。開始するのも大変なら、維持していくのも大変なのです。

現在、日本国内において多くの会社が倒産の憂き目にあっていますが、その中でも製造業はより厳しい状況にあると言われています。なぜ厳しいのかといえば、製造業は事業を継続するために相当な費用・支出を必要とするからです。第1章の費用の項目において「原動力」という表現をしていますが、製造業や卸売業、また一部の建設業などは非常に大きな原動力を必要とする事業なのです。

「どうしても仕事で実現したいことがある」「会社勤めが性に合わなかった」「家業を継ぐことになった」……開業をする背景は人それぞれです。

それぞれの事情において、これから始める事業がある程度決められているようなケースも多いことかと思います。

しかしながら「本当にこの事業を①____できるくらいの資金が常に確保できるのか?」という質問については、しつこいくらい自問自答なり事前調査なりをしていただくことを強くお勧めさせていただきます。

小さな会社の社長さんには「夢のようなお話」ばかりに捕らわれてしまい、現実がよく見えていない方が結構いらっしゃいます。

「あんなことがしたい」「こんな商売をやりたい」ということばかりお話をされるのですが、実際の事業経営において求められているのは「これができなければならない」という観点です。

現状においてできないことをひたすら望んでいるだけでは、事業の継続はもちろんのことですが、起業すらおぼつかないものとなるでしょう。自分にできること、できないことをしっかりと把握しておくことが必要です。

---

① 維持

また、起業から事業の継続、そして事業の終焉までのすべての流れにおいて常に設定しなければならないことが一つあります。
　それは課題、やらなければならないことです。
　一番危険なことは「現状に満足してしまい、何もやるべきことがわからない状態」です。そのような状態にある会社はたいがい景気などの波に押し流されてしまいます。
　非常に回りくどいようですが、まずやらなければならないことを考え、その課題達成のために自分ができることを検討し、課題の解決に努め続けることにより初めて自分のやりたい事業が実現できます。
　この心構えをしっかりと持っておくことが、会社の資金繰りを良くするためにも絶対に必要な事項です。

　次に、そもそもその分野に参入する意味があるのかをよく検討する必要があります。
　先ほどから例に出している卸売業ですが、メーカーの直販がこれだけ普及し始めた状況にあって自分が卸売業に参入したとして、果たして勝ち目はあるでしょうか？
　起業者は「自分のやりたいこと」に目がくらみ、無謀な戦いに挑んでしまうことが少なからずあります。このような姿勢から事業を開始してしまうと、早晩事業は資金繰りに詰まることになるでしょう。
　本当に参入する価値がある分野なのかについて検討をして見当をつけることが重要です。

　また、参入するにしても方法は実に多くの方法が考えられます。
　卸売業について考えてみましょう。商品自体はまったく自社で仕入れず、情報を流すのみで成立させるという方法はどうでしょうか？
　本章の冒頭においてインターネットの普及を原因とした事業の陳腐

化というお話を書きましたが、実際に利益を出している会社の多くはアナログな情報網を持っていることが多いです。同業者間や取引先との強固なつながりから、世間にはそう簡単に漏れてこないノウハウを持っている会社は好不況に関係なく一定の成果を出しているものです。

あまり世間に知られていない食材・食品の情報を人よりも多く知っているならば、それを知っているというだけで事業の機会はそれなりにあると考えるべきです。食材を欲しがっている人から依頼を受け、それに見合った商品の提供者に発注をかけるという仕組みを考えてみます。これならば卸売業で求められる「大きな原動力」も必要ありません。より柔軟な事業経営を試みることも十分に可能でしょう。

一言で「卸売業に参入する」といっても、やり方は実に様々あるということです。特に①□□□□□の導入が遅れているような分野においては、新しい技術を利用することで先行者の有利な状況をひっくり返すことも可能です。

よくある勘違いに「売っている商品が同じなら誰が売っても同じように売れるはずだ」というものがあります。事業を展開するにあたり、これほど見当違いな前提はありません。たとえ売っている商品がまったく同じでも、売り方や流通のさせ方によってその売上は天と地ほどの差が出るものです。

事業が上手くいくか否かの決定的なポイントは、商品そのものの魅力ではありません。事業の②□□□□にこそポイントが存在するのです。

会社の資金繰りを考えるにあたり、最も重要な自己資金は利益からもたらされることはすでに確認をしました。そして利益とは、自分なりの商売の方法からもたらされるものです。

---

①情報技術　②仕組み

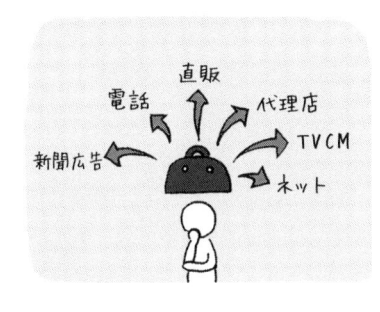

起業時にあっても、ただ闇雲に商売を始めるのではなく自分なりのやり方をある程度考えてから始めるだけで、その成功率は向上します。そしてやり方を考えるにあたっては自分の強みや長所を全面的に押し出すべきです。苦手なことを無理やり事業にするよりも、得意なことを事業にする方が成功率は高いに決まっています。

　これもよくあることなのですが「何でこんな無愛想な人が接客業を選んじゃったのかな〜」という社長さんがいらっしゃいます。仮にどうしても接客業をするのだとすれば、そのやり方をしっかりと考える必要があります。

　世の中には「無愛想な床屋・美容院」を要望する声は少なからずあります。そういった売り出し方をするのであれば、無愛想であることも長所と考えることができます。

　最後にもう一つ考えなければならないことがあります。

　それは模倣性の問題です。特にインターネットに絡んだ事業においてみられる傾向ですが、現在多くの事業のノウハウが簡単に模倣されるようになっています。コピー＆ペーストが簡単にできるこのご時世にあって、自社の強み・独自のやり方を守り通すことは非常に難しいものとなっています。

　繰り返しになりますが、利益の源泉は自分なりのやり方です。そのや

り方が簡単に模倣されるようになったことが、現在多くの会社を苦しめる原因となっているのです。

　起業をするにあたり「二匹目のドジョウ」を狙って他人のやり方をそのまま真似する人が見受けられます。そのやり方がそれほど世の中に出回っていないのであれば、そのような後追い事業も成功の確率はそれなりにあるでしょう。もしそのやり方がインターネットで調べるだけで簡単に手に入り、しかも誰にでもできるようなものだとすればその方法は採用すべきではありません。

　何度も繰り返すようですが、利益の源泉とは独自性なのです。あなたが簡単にマネできるものは、①_____からも簡単にマネされてしまいます。

　他人からマネをされないような事業を展開しなければなりません。具体的にどういった要件が他人からの模倣を防ぐ手段になるかといえば、

・人柄
・情報網
・信用力を獲得するための活動（PR活動や広告など）
・販売方法や流通の仕組み
・独自技術や商品力

　これらが該当します。個人的には、上にあげている項目ほど重要であると考えています。商品そのものの先進性や独自性のみを売りにしている会社ほど、流行で右往左往させられやすいものです。

　より大切なのは事業の仕組みがあるか否かということです。

---

① 他人

2. どんな規模まで育てたいのか

> **！ポイント**
> - ゴールを明確に想像する
> - 企業規模の大小によっても、必要な資金量は大きく変わる
> - 自分の希望をかなえるのに適切な大きさを考える
> - 一番効率的に儲けられるのは小さな会社である点を知っておく
> - 一定規模以上に成長すると、社長個人の力では解決できなくなる

　どんな仕事をするのかに引き続き、規模の問題について考えていきます。規模を考えるということは、言い換えるならば「会社としてのゴール」を想定することです。

　開業して早々にゴールのことを考えるのも夢がないように感じられるかもしれません。しかし、起業する人全員が上場企業を目指しているわけでもないでしょう。ある程度のゴールを想定してから開業した方が、後々の事業経営にあたって大きな間違いを犯す危険性は著しく下がることになります。

　もちろん、途中でゴールを変更することがあってもかまいません。ただし、想定するからには明確にゴールを想像してください。

　明確に想像できることは、いずれ実現できるものです。やや楽天的な意見かもしれませんが、この姿勢は非常に重要です。

　結果を出している社長さんの多くは、自社の現時点で想定しているゴールをしっかりと語ることができます。成功の確率は、より具体的に

①_____を働かせることによって飛躍的に向上します。

　資金繰りを考える上で会社の規模がどのような影響を与えるのかについて考えてみましょう。

　当然のことながら、会社の規模が大きければ必要な資金量も増大します。社長とその家族だけの会社、パート社員が5人いる会社、正社員が100人いる会社、それぞれ必要な資金量は大きく異なります。

　必要な資金量を想定しないまま拡大を図った結果潰れてしまう会社は非常に多いです。

　繰り返しになりますが、上場企業を目指すことだけが成功者の証ではありません。企業規模を想定するにあたり「大きいことは良いことだ」という前提は忘れた方がよいです。必要なことは、自分の希望を叶えるために適切な課題を設定し、それをどのようにこなすのかという合理的精神です。その課題設定にあたり、会社の規模というものは大きな要素となります。

　自分の最終的な希望に適した企業規模を明確に想像してください。

　次に押さえていただきたいのは、企業規模と利益の関係性です。

　会社の規模は、小さい方が利益を出しやすいのです。

　よく社長さんから「自分一人でやっていた時の方が楽に儲けが出たよ」といったお話を聞くことがあります。

　元手が100のときに500の儲けを出すことは可能です。しかし、元手が10,000のときに出すことができる儲けは、精々25,000程度のものです。資金の規模が大きくなるほど、利益率を維持することは難しくなってくるのです。

　例えば自分一人が生活を維持できるような事業展開を考えているならば、無理に②_____を目指す必要はありません。適切な資金量で高い利益率を実現することを目指すべきです。

---

① 想像力　　② 拡大路線

規模が大きくなった場合、資金とあわせて重要な問題が発生します。それは①□□の確保です。

社員の数が100人ともなってくると、社長さん一人だけで経営判断をこなすことは不可能になってきます。そうなると経営的判断をすることができる人材が必要になります。また、お客さんに提供する商品やサービスの品質を管理する仕事から経営方針の策定まで、チームを使って事業を切り盛りする必要が出てきます。

当然のことながら、相当な気力・体力と資金力が求められるようになってきます。無論、そういった規模の会社を上手く経営することができればそれ相応の生活を送ることができるでしょう。しかしながら、その規模の会社を維持することは相当に難しいことなのです。

「足るを知る」という姿勢は事業経営においても大切なことです。大きな会社の社長さんが語る成功談は確かに魅力的ですが、それをそのまま真似をしてもあなたが幸せになれるとは限りません。

自分にとって適度なゆとりを保ちながら仕事を続けることが必要です。「意識していないのに規模が拡大している」ようなケースは要注意です。

---

① 人材

3. どれ位早く成果は出せそうか

> **!ポイント**
>
> ・最初に投じる資金はどれ位の規模になるのか
> ・最初に投じる資金からどれ位の成果が出せそうか
> ・その成果はどれ位のスピードで出すことができるか
> ・事業の見通しをある程度つけておくことは必要である
> ・始めから大きな成果を狙い過ぎない

次はスピードの問題です。

最初に投じる資金の量は業種に応じて大分異なるという点についてはすでに触れました。また、同じ業種でも投じる資金の量は経営者ごとの考えに左右されることになります。

まずどれ位の資金を集める必要があるかについて考えなければなりません。資金を集めるのにも時間がかかります。極論をしてしまえば、最初の資金を集めるのに時間がかかり過ぎてしまい商機を逃してしまうようなケースもあります。

事業でも時期や勢いというものは大切です。資金について曖昧な姿勢を取り続けてしまうがためにチャンスを逃してしまうようなことは決して少なくないのです。

まずどの程度の資金規模から始めるのか。そしてその資金からどれ位の成果が見込めるのか。

ここでいう成果とは[①   ]のことです。事業運営の結果、外部に返済する必要のない自己資金をどれ位手にすることができるのかによって経営方針は大きく変わることになるでしょう。

---

① 自己資金

100の初期投資に対して、リターンが120なのか200なのか500なのかによって具体的な行動は異なって当然です。

さらに重要なのは自己資金を得るまでのスピードです。

事業経営において長期的な視点が重要であることについては多くの書籍で語られています。

しかしながら、開業当初に関していえばでき得る限り早く成果を求めるべきです。なぜなら、開業から早めの時期に成果が出るかどうかを確認しておかないと、その事業の仕組みが正しいのか否かの判断ができないからです。

見通しという日本語があります。

残念なことに見通しをまったくつけないまま開業してしまう社長さんが多く見受けられます。お話を聞いていて「そのやり方で儲けが出せるのかな〜」と首をひねってしまうような事業展開を考えている社長さんは少なくありません。「これから始める事業のどこから[①　　　]が産まれるのか？」という観点を持っていただいく必要があります。

単純な物を売る事業でも、利益の源泉となるポイントはいくつもあります。

・他社より安く商品が調達できる
・調達のスピードが早い
・商品の品ぞろえがどこよりも多い
・商品の提供にあわせて追加のサービスを提供することができる
・市場に出回っていない情報を掴む術を持っている
・自分から流行を発信できるような手段を持っている
・その他諸々

---

① 利益

単に物を買ってきて売るだけで利益が出せるご時世ではありません。このような、「他人にはない仕組み」をいかに作り上げ、お客さんに実感してもらえるかが利益を実現できるかどうかのポイントとなってきます。

　そのポイントを確立できそうな見通しがあることを前提として、事業というものは始めることができるのです。

　まずは一度成果をあげることでその仕組みが有効であるのかどうかを確認する必要があります。

　完全な計画など決して立てられません。実際に開業をしてみれば想定よりも成果が少ないこともあれば、スピードが遅かったりすることもあるでしょう。そのような実態にあわせて、事業の仕組みをある程度融通させる柔軟性はもちろん必要です。

　しかし開業にあたってまったくの無計画で良いのかと問われれば、やはり「否」と答えざるを得ないでしょう。

・やりたいことを続けるためには、どうしても資金が必要です。
・その資金は①[　　　　　]から獲得しなければなりません。
・自己資金を得るためには②[　　]をあげる必要があります。

　この三段論法をなるべく早めに実感していただくことが、後の事業経営にあたって非常に有効な手段となり得るのではないかと思います。

　お勧めは最初から大きな成果を狙い過ぎないことです。ある程度手が届きそうなところから狙い始め、実際に成果を手にすることができたらもう少し大きな成果を狙ってみると良いのではないでしょうか。

---

①自己資金　②利益

4. 資金調達

> **！ポイント**
> - 自分で用意するか、他人から借りるか
> - 設定している「必要な資金量」は本当に適切なのか
> - 開業資金の額はバランスを考えて
> - 借りる場合、限度は設定してあるか
> - 借りて開業する場合、成果はより大きく、早く出さなければならない
> - 返すスピードは適切か

開業にあたっての資金調達については何度か触れています。

資金を調達する方法は「自分で用意する」と「他人から借りる」の二つしかありません。

自分で用意する場合、開業までの時間をどのように過ごすのかが非常に重要です。一年後に開業予定で 300 万円が必要なら、一ヵ月に 25 万円は用意しなければならないことになります。預貯金ゼロからこの条件を満たすのはなかなか大変です。

自分の心の中に「開業」や「独立」の二文字が思い浮かんだその日から、開業の資金を何となく溜め始める必要があります。

前項でも書いた通り、資金集めに時間がかかって結局は商機を逃してしまうようなケースは少なくありません。

実は、ここで自分のお金をどれくらい投じて事業を開始するのかが、その後の事業経営に非常に大きな影響を与えます。

特に問題となるのは速度です。自分のお金が多いほど、成果を出す

までの最低速度を緩やかに設定することができます。
　詳しくは後ほど説明します。

　自分で用意するにしろ他人から借りるにしろ、常に考えなければならないことがあります。
　これまで確認した事項、「仕事の種類」「会社の規模」「成果のスピード」といったことから開業に必要な資金量を求めなければなりません。その資金量が本当に適切なのかという問題です。
「手元資金はそれほどない」「他人から借りられるあてもそれほどない」。この状態で「製造業で一旗挙げて、すぐに金持ちになる」といっている人がいたらどうでしょうか？　そんなことは現実的に無理だ、ということがすぐに分かります。
「開業する仕事の種類をより資金量が少なくて済むものに変える」「事業の規模を縮小した上で開業する」「新しい資金源を開拓する」。こういった手段を講じなければ、実際に開業までこぎつけることはできないでしょう。
　開業する事業に手を加えるか、資金源を用意するか、その両方に取り組むのか。
　そもそもの事業計画に無理はなかったのか検討する必要があります。もし新しい資金源を開拓するならば、他人を説得できるような見通しをしっかりと提示できなければなりません。

　また、資金を集める際に過度に慎重になるのも楽観的になるのも避けておきたい所です。
　資金を集めることばかりに執着し、肝心の商機を逃してしまっては意味がありません。過剰な楽観から本来集めるべき金額を集めないまま開業しては、早々に資金繰りは枯渇してしまうでしょう。

突き詰めすぎず、ぼんやりし過ぎず。
ある程度のバランスを保っておきたいところです。

次に他人からお金を借りて開業することについて考えてみます。
結論から申し上げれば借入のみに頼って開業することはお勧めできません。ある程度は自分のお金を投じて開業すべきです。
これには具体的な理由があります。
借りたお金はいずれ返さなければなりません。その返すためのお金はどこから調達しなければならないでしょうか？
正解は①□□□です。利益から獲得された自己資金を借入の返済に回さなければならないのです。
今まで自己資金は「他人に返済する必要がないお金」と説明をしてきました。しかし、実際の会社の資金繰りを考える上では本来次のように考える必要があります。

> 借入金の返済資金を用意する必要がある
> （例：一年後に100を返す）
> ↓
> その為には収入を増やさなければならない
> ↓
> 会社が収入を増やすためにできることは「利益をあげる」か「新規借入」が必要
> ↓
> 「新規借入」を既存の借入返済に回してしまっては自転車操業になる（例：新規に100を借入しても、それを返済に回してはいけない）
> ↓

---

① 利益

既存借入金の返済資金は、利益 ＝ 自己資金から確保しなければならない。その自己資金は借入の返済に間に合うように獲得しなければならない（例：最低でも一年後に自己資金100を獲得しなければならない）

↓

会社が継続的に発展するためには、借入返済額を超える自己資金が必要。もし返済額と同額の自己資金しか獲得できなければ、すべて返済に回されて終わり（例：自己資金が200獲得できれば、100を返済に、100を成長に使える）

↓

会社は借入返済額よりも大きな①□□を、返済スピードより②□□あげる必要がある

つまり借入に頼り過ぎて開業してしまった場合、会社は社長さんが想像しているよりも大きな利益をより早くあげなければならないという制約を受けてしまうのです。

上記の例の場合、もし自分のお金のみで開業していれば一年後に自己資金を10でも20でも獲得できれば、その分を会社の成長に使うことができます。しかしながら借入を使って開業した場合には、その程度の自己資金では借入の返済すら行うことができません。どんなに少なくとも100の自己資金を獲得しなければいずれ会社は倒産をしてしまうのです。

残念ながらそこまで見通しを立てた上で開業することはなかなかできることではありません。

このことから借入を用いての開業は難易度が高いことが分かります。

キャッシュフロー計算書を使って確認してみましょう。

---

① 利益　② 早く

自分のお金のみで開業した場合には、次のようになります。

営業 CF	＋ 50
投資 CF	0
財務 CF	0

仮に事業活動から50の自己資金を手にいれた場合、それはそのまま次の事業活動へと投資することができます。少なくともプラスマイナスゼロにすることができれば、現状維持をすることも可能です。

借入を用いて開業した場合には、次のようになります。

営業 CF	＋ 100
投資 CF	0
財務 CF	△ 70

この場合、上の会社に比べて50も多い営業CFを手に入れているにも関わらず、借入の返済で70も出ていることから結局手元に残るお金は30となってしまいます。

借入を使って開業した場合、その返済を補って余裕が出る位の成果を出さなければならないことがお分かりいただけたでしょうか？

経営の難易度を下げるためにも、ある程度自分のお金を使って開業されることをお勧めさせていただきます。

開業に借入を活用する場合、もう一つ気にすべき事項があります。

それは返済の① □□□□□ です。

上で確認したように、借入を使って開業した場合には速度というハードルが加えられることになります。そのハードルを少しでも下げておくことが、経営の難易度を下げる事につながります。上記の例でいえば「一年後に100の返済」とあるところを「一年後に50を、二年後に50を返済」とすることで利益を実現するための速度制限が緩やかになります。

---

① スピード

無論、ずるずると借入の返済を伸ばすだけではいけません。返すことができるのならばさっさと返した方が良いケースもあります。
　しかし無理に早く返そうとして会社が潰れてしまっては元も子もありません。

　第1章の負債の項目でも説明しましたが、借金そのものが悪なのではありません。大切なことは借りたお金をどれだけ効率的に利用することができるかという点です。

5. 取引の仕組み

> **! ポイント**
>
> ・自社の資金繰りが助かるような取引形態を目指す
> ・基本は「収入は早めに」「支出は遅めに」

実際に顧客や仕入れ先との取引を開始するにあたり、注意すべきことがあります。

自社にとってなるべく有利なタイミングで決済をすることを目指さなければなりません。

これだけではなかなかわかりづらいので、具体的にどのような行動をすれば良いのかを説明していきます。基本的な姿勢は以下の通りです。

○ 収入は① ☐ に
○ 支出は② ☐ に

それぞれ売上代金の回収と仕入代金の支払いを例に考えてみます。
下の図は第1章の収入の項目で使用した図です。

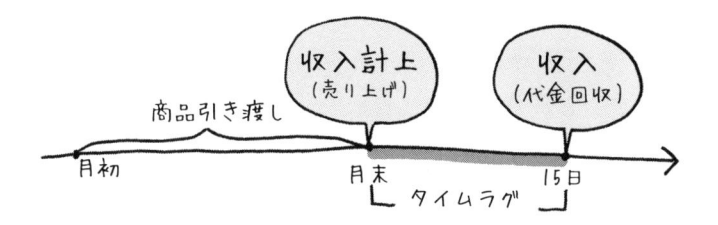

①早め　②遅め

収益と収入の計上タイミングが半月ずれています。

　会社がねらうべきなのはこのタイムラグを失くすことです。できるならば収益と収入が同時に計上できるような取引の仕組みを作るべきです。

　もっと狙うならば、収入が収益よりも先に来るような仕組みも作れます。着手金や前受金という名目で収益よりも収入が先行することがあります。事業の種類によってここまでの設定をすることは難しいとは思いますが、少しでも自社の収入が早くなるような仕組みを初期の段階で構築してしまうと、後々楽になってきます。

　支出については逆のことを狙います。

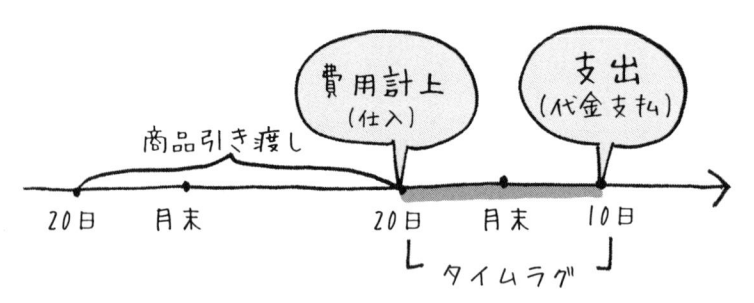

　上の図では費用の計上から支出の計上までに20日ほどのタイムラグがあります。自社としては、この間隔を少しでも長くすることを目指すべきです。これもまた開業初期の段階においてきっちりと交渉をしておくことで、後々の資金繰りに大きな影響を与えることになります。

ともかく「収入は早く、支出は遅く」です。

　もちろん事業活動を行う上で必要な信用力を失うような決済の仕組みは論外です。しかし、許されるレベルにおいてこういった姿勢を持っておくことは、自社を防衛する上でとても重要な姿勢となります。

6. 生活費

> !ポイント
>
> ・事業の費用でも生活費でもお金が出ていくことには変わりがない
> ・「経費になる」という理由で贅沢をしてはいけない
> ・住宅の購入などは控えた方が無難
> ・はじける時も必要、ただし切り替えをしっかりと

開業時の心得の最後に私生活について考えてみます。

第1章の支出の項目においても触れましたが、小さな会社の経営において生活費は①〔　　〕に該当しない支出として認識されるべきです。会社の財布も社長さんの財布も、結局はつながっています。

一番大切なことは経費で使おうが生活費で使おうが、お金が出ていくという事実に変わりはないということです。そして、これまで繰り返し指摘したように、事業経営において常に考えていかなければならないことは支出に見合った収入を効率的にあげていくことです。それは生活費についても何ら変わることはありません。

少し逆説的に表現するならば、収入に対応するレベルの生活費しか使ってはいけないのです。

この点について残念ながら認識の甘い起業者の方が多いのです。開業した途端に私生活が派手になる方が少なからずいらっしゃいます。このような方の経営する会社の多くが、早々に市場から消え失せる運命にあります。

社長さんだからある程度の贅沢が許されるのではありません。一定の成果を出した社長さんのみが贅沢を許されるのです。

---

① 費用

事業の経費になるという理由でやたらとお金を使う社長さんがいます。これもまたよくあるお話ですが、お勧めできません。
　資金繰りを考える上で基本的なことは、無駄な支出は減らすということです。
　その一時的な贅沢を糧として事業運営での大幅な収入増が見込めるのであればその支出にも意味はあるかもしれません。しかしながら、そのように有効利用されている社長さんの贅沢は少ないです。

　また、個人的な資産（住宅や車など）を開業の時期に購入することも避けるべきです。事業でも私生活でも「一国一城の主」といって開業と同時に家を買うような方がたまにいらっしゃいます。
　もし事業で成果が出なかったらどうするのでしょうか？
　商売というものは水ものです。一年前に通用した手段が現在は通用しないこともよくあります。逆に予想もしていなかったような成功を手にすることもあるでしょう。
　どれだけ見通しをしっかり立てたとしてもその通りにはいかないのが事業です。そのような状況にあって資産を購入するというのはいかにも良くない選択肢です。
　住宅を購入するにあたり、多くの方は借金を活用されます。事業で借入をおこし、私生活で借入をおこしてしまえば、資金繰りの柔軟性は限りなく失われることになります。ある程度不測の事態が起こったとしても対応できるよう、私生活についてもでき得る限り身軽な状態を保っておいた方が良いのです。

　では起業したばかりの人間には一切の贅沢が許されないのか？　と問われればそんなことはありません。
　私自身も起業した人間ですので、その苦しみは非常に分かります。

- サラリーマンの方が楽だった
- 誰にも悩みを相談できない
- 思うような結果が出ない
- 何かやらなくちゃならないのは分かるけど、どうして良いのかわからない
- あ〜もう辞めちゃいたいな〜

　多くの社長さんがこんな悩みを抱えていらっしゃると思います。
　そんなときちょっとした贅沢や怠惰な時間を過ごすことでまた新しい気力が湧いてくるのであれば、そのための支出はこの上もなく意義のあるものとなるのではないかと思います。「事業経費になるから贅沢が許される」のではなく「この贅沢を糧に明日からまた頑張れる」から許されるのです。

　成果を出している社長さんの多くは趣味をお持ちです。ゴルフなどのスポーツ・釣り・音楽や芸能関係など、実に多彩です。そういった趣味の時間を過ごすことで上手にリフレッシュできる社長さんの方が、事業においても成果を出されています。

　上手くはじけるための支出はするべきです。極論ではありますが、良い仕事をするためには①_____のようなものが必要不可欠です。物・サービス共にあふれかえっているこの世の中にあって、真面目一辺倒で事業を展開してもなかなか上手くはいきません。適度にストレスを発散させるための仕組みを用意することは、事業経営上も非常にプラス方向に働く可能性があります。

　大切なことは切り替えです。オンとオフのスイッチを上手に使うことで、事業においても私生活においても豊かな暮らしを楽しめるようになった方が、起業した甲斐もあるのではないでしょうか？

---

① 遊び心

第3章　拡大

この章では
拡大期の資金繰りについて考えていきます。
このステージは最も心躍るものです。
事業が一定の成果を生み出し、少しずつ大きなことが
できるようになる快感は何物にもかえがたいものがあります。
起業をすることで味わえる喜びの最たるものとも言えるでしょう。
それだけに注意が必要です。

この段階において客観的に物事を判断するのはなかなか難しいものです。
特に、ある程度自信がついてきていますので、つい、「自分にはできないことはない」なんて勘違いを起こしがちです。
勢いと暴走は違うものです。
拡大を求める場合にも、きちんとした手順を踏んでおくことが必要です。

特に問題になるのが人材と資金です。
この両方についてある程度の見通しを立ててから拡大を進めないと、行き詰ってしまうことが多々あります。

急いては事をしそんじます。
やらなければならないこと、できること、できないことを一つずつ確認しながら、このステップを進めることにしましょう。

1. 本当に拡大が必要なのか

> **! ポイント**
>
> ・規模の拡大によるメリット・デメリットを分析する
> ・開業時に考えていた規模とずれることはないか
> ・資金と人材に余裕があるのか
> ・私生活のことも考える

　拡大期について考えるにあたり、最初に検討しなければならないことがあります。

「本当にその拡大は必要なものでしょうか?」

　現在の状況が非常に順調な状態で、顧客・社員・取引先・経営者、すべての利害関係者が幸せな状況にあるとします。拡大をするということは、その現況に変化を及ぼすということです。
　その拡大は本当に利害関係者に幸福をもたらすものでしょうか?
　次章の「維持」において少し触れますが、現状を守るために必要な変化というものは確かに存在します。「守るために攻めなければならない」ことも、たしかに存在します。しかしそれは具体的な行動で示すならば、商品の特性や仕事の仕組みを追求するということであり、①[　拡大路線　]を追求することとは異なるものです。
　会社には適切な規模というものがあります。前章でも触れたとおり、規模の拡大には多くの資金や人材が必要とされます。

　大きくなるということは効率性の低下を招きます。この点に関する補

---

① 拡大路線

足をしておきましょう。

　大企業同士が「合併による効率化を」という名目で、よく企業合併をします。

　ある程度大きな会社同士が一つになってより大きくなった場合、たしかに事業の効率性が高まることがあります。それは工場などの生産設備が共有できたり、ノウハウを周知することで生産性を向上させることができるからです。また事務所の家賃や管理部門の人件費は、会社の規模が拡大しても必要な大きさはそれほど変わらないことから、これらをリストラの対象とすることで無駄な費用を削減することが可能となります。

　小さな会社の事業規模拡大にはこの図式をそのままあてはめてはいけません。

　小さな会社が規模の拡大を図ると、それまで不必要であった人材の管理や複雑な資金繰り、社長の時間管理といった多くの作業が増加することになります。また工場設備やノウハウなど現場における財産についても、効率化・共有化を図るための手間が発生し、結局はやりきれないことの方が多くあります。

　規模の拡大による効率化の図式は、一定規模以上の企業において発揮できる強みだと考えるべきです。

　大切なことは開業のときに考えていた規模と大きくずれていないかということです。明確に想像していたゴールとは大きく違う現実が目の前に広がっていないでしょうか？

　ゴール地点を明確に想像し直してから規模の拡大を図ることはかまいません。一番怖いことは何となく①☐☐していくことです。この場合、一度広げてしまったものを元の大きさに戻すことは至難の業となります。

　拡大にあたっては次の二つのものに余裕がなければなりません。

---

① 拡大

○ 資金
○ 人材

　資金については本章でこれから触れていきますので、ここでは人材について簡単に説明しましょう。

　事業規模の拡大は、物理的・時間的な制限を超えることが求められます。

　場所を広げる場合には、まず人材がいなければなりません。たとえば今まで東京のお店だけだったのを、大阪に支店を作った場合などを想定すればすぐにおわかりいただけるかと思います。

　あるいは事務所の拡張などにおいては、それまでは社長さんの目が届いていたのに、死角が生まれることで全社員まで目が届かなくなるようなこともあります。

　こういった場合、広がった空間や時間をフォローできる人材が必要不可欠です。そしてそういった人材は拡大に間に合うよう育成しなければなりません。

　拡大部門を任せられるような社員をいきなり新しく雇用しようとすると、小さな会社には支払いきれないような人件費が発生することになるでしょう。

　拡大するにはまず人材ありきです。その見通しがない時点で拡大をしてはいけません。それをやってしまうと、拡大のための費用や支出を効率的に活用できないまま拡大部門が潰れるのがオチです。

　最後に、拡大によりもたらされる非常に大きな影響に触れておきます。

　それは私生活の環境変化です。

　上場企業の社長さんは夜も眠れないことが多いそうです。気になる

のは寝ても覚めても自社の株価のことばかり。短期的な成果を常に求められ続け、絶え間ないプレッシャーにさらされます。

聞いた話では、お子さんの学校の送り迎えにはガードマンがついているようなケースもあるのだとか。あまりにも多くの利害関係者に囲まれていることから、恨みを買わないということは半ば不可能のようです。

これはあくまで極論かもしれません。しかしながらこうした現実は確かに存在するのです。

拡大するということは、こういったものに少しずつ近づいていくことを意味しています。

大きな会社が向いていない社長さんは確かにいますがそれは何か恥ずかしいことでしょうか？ 小さいながらもきちんと利益を生み、資金を獲得し、利害関係者や自分自身を養っているのだとすればとても立派なことです。

拡大しないということも立派な選択肢の一つです。「周囲が大きくなってきたから」といった理由のみで拡大を求めることはあまりお勧めできません。自分の性にあった大きさというものをきちんと考えるべきです。

2. どれ位早く成果は出せそうか

> **ポイント**
> ・拡大に投じる資金はどれ位の規模になるのか
> ・拡大に投じる資金からどれ位の成果が出せそうか
> ・拡大策と成果の対応は認識できるか
> ・その成果はどれ位のスピードで出すことができるか
> ・やはり大きな成果を求め過ぎない
> ・それまでの事業にどんな影響を与えるのか

　拡大においても見通しを立てておくことは必要です。長期的視野（戦略面）を大切にしつつ、それを達成させるために必要な短期的課題（戦術面）をしっかりと把握することは事業のどの段階においても求められることです。

　完璧な計画は無理だとしても、具体的な行動レベルまである程度考え込まれたプランを立てなければなりません。

　開業時と確認すべき事項は重複します。

　拡大に必要な資金量はどの程度でしょうか？

　資金のあてもないまま拡大を始めてしまうと、拡げた後になってお金が足りないという状況に陥りかねません。少なくとも拡大策から成果が生まれるまでの間、その策を支えられるだけの資金を事前に準備しておかなければ、拡大策は頓挫することになります。

　投じることを決めた費用・支出からどれだけの成果が産み出せそうでしょうか？

これは効率性の問題です。具体的な数字まで落とし込むことはなかなか難しいかもしれません。しかしながら、目標数値くらいは立てておきたいものです。
　また最低限の課題として「拡大策に用いた費用・支出を超える収益・収入を生み出す」必要があります。大規模な広告キャンペーンで300万使った結果、増えた収入が50万円では意味がないでしょう。

　この効率性を測るにあたり、大切なことが一つあります。
　それは「拡大策の成果」と「既存事業から産まれた成果」を区別する仕組みです。
　大規模な新規顧客の獲得を目指した広告キャンペーンを行ったとします。顧客・単価ともに増加が認められました。これだけでこの広告キャンペーンは成功したと言えるでしょうか？
　正解は「否」です。
　例えば顧客・単価の増加が「既存事業から獲得されていた顧客による口コミや単価増が原因」だとしたらどうでしょうか？
　そもそも広告キャンペーンの目的は「新規顧客の獲得」だったはずです。既存顧客に対する口コミ期待や単価増を図るならば、大規模な広告などではなく地道なダイレクトメール・アンケート送付や新規顧客紹介者への優遇策を決めるといった、もっと効率的な手法があったのかもしれません。
　また単に金銭面のみに着目するのではなく、拡大策のために使った時間や作業量という面についても認識しておく必要があります。
　ものすごい時間を使った割に儲けられない仕事に執着していては、いつまでたっても資金繰りを改善し安定した事業経営を行うことはできません。

第3章　拡大

　大切なことは「人・もの・金・時間」といった貴重な①[　　]をいかに効率的に活用するかという観点です。

　開業と同様、拡大においても時間的制限があります。

　拡大策が成果を生み出す、つまり自己資金を生み出すまでのタイムリミットを決めなければなりません。小さな会社において、特に資金という資源は非常に限られたものです。いつになったら成果が出るのか分からないような策にいつまでもこだわっていることはできません。

　拡大路線においても「この拡大によってどこから利益が得られるか?」ということをしっかりと把握しておく必要があります。

・同じ商品を大量に作ることで製造単価が下げられる
・同じ商品でも売る場所や流通方法を変えることによって価値の低下を防ぐことができる
・既存顧客に対しても新しい価値を提示することができる

　上記の例は非常に単純なものですが、こういった利益の源泉を考えておかなければなりません。

　悲しいことに、こうやって考えた利益の源泉は現実に存在しないことが多くあります。考えた通りに常に物事が進むのであれば事業経営に苦労はありません。

　拡大策はよく失敗するものです。だからこそ②[　　　　　]は設けておくべきです。再挑戦の機会もそんなに多く設けてはいけません。ある程度やってダメな場合、その拡大策はあきらめる覚悟が必要です。

「もうこれだけお金を使ってしまったから後にはひけない」という考え方は最もいけません。失敗は失敗として認め、さっさと次に切り替える必要があります。ここで無駄なこだわりをみせることは「お役所の無駄

① 資源　　② 時間制限 or 制限時間

な公共工事」とまったく同じです。

　それまでにどれほどのお金をつぎ込んでいようが、失敗は失敗です。それ以上お金を使っても、結局は無駄な費用と支出を重ねるだけです。

　小さな会社の拡大策ではあまり大きな成果は求め過ぎないことです。開業のときと同じく、小さな成果を一つずつ実感していく拡大の方が結局は大きな利益と自己資金を獲得することにつながりやすいです。
　つまり「絶対に失敗は許されないような一か八かの拡大策」は取ってはいけないということです。起死回生の一発というものは、大概の場合失敗します。
　資金や人材、時間などに余裕があるときにゆとりをもって取り組むべきでしょう。

　最後に気にしておきたいのは既存事業に対する影響です。
　上でも少し触れましたが、拡大策はそれまでの顧客に対しても少なからず影響を与えることが多いものです。

・拡大路線ばかり注意して、既存の顧客に対する注意がおろそかになった
・拡大したことで信用が増し、既存の顧客からもより高い信頼を得られた

　これはどちらも起こり得ることです。どちらの結果になるのかは、拡大策の及ぼした結果をきちんと確認しているかどうかによります。
　既存・新規どちらの顧客からの声もきちんと聞いてください。
　拡大策を上手く活用することで、既存顧客から飽きられるという危険を回避することは十分に可能です。

3. 事業からお金は稼げるようになっているか

> **! ポイント**
>
> ・既存事業から自己資金は獲得できているのか
> ・確認するための超簡易法
> ・キャッシュフロー計算書はどういう状態か
> ・拡大のために必要な資金を確保できているか
> ・「投資活動によるキャッシュフロー」にどの程度の資金を割くのか
> ・拡大策のスピードは適切か

拡大を目指す前に、まず既存事業において絶対に達成していなければならないことがあります。

それは利益をあげ、① _____ を獲得しているということです。

事業を拡大させるためにはそれなりに費用や支出、つまり投資が必要になることは繰り返し指摘してきました。そのための資金源として考えられるのは自己資金と借入金です。

このことについては後ほど少し詳しく説明しますが、やはり自己資金を拡大の原資にすることが好ましいです。

既存の事業がきちんと上手くいってから拡大を目指すべきです。

既存事業が上手くいっているのかを把握するための手段としては色々な方法が考えられます。

本来は適切な会計処理をして帳面を作成し、それに基づいて処理されることが一番好ましいのですが、そういった環境にない方は次の方法で試してみるのも良いかもしれません。

---

① 自己資金

・新たな借入金をしないで事業を継続していて、現預金の残高が増えているかどうか

非常に大雑把な方法ですが、これも一つの手段ではあります。
例えば1月から6月までの期間で物事を考えてみます。

| 1月 | 現預金残高：1,000,000 円 |
| 6月 | 現預金残高：1,500,000 円 |

この間、銀行からお金を借りることもなく、社長さん個人のお金を会社に注ぎこむこともせず、自分に対する役員報酬もきちんと払っているとします。このような状況であれば、事業を継続していた結果半年で50万円の自己資金が獲得できたと考えてもそれほど的外れではありません。

本書の基本的な考え方は、

○ **お金があれば会社は潰れない**
○ **お金の残高が経営状態を把握するために最も有効な手段**

というものですから常にこの方法で自社の状況を確認するだけでも現状が上手くいっているのかどうかはある程度把握できるでしょう。

上記は本当に簡便な方法ですので、やはり限界はあります。ここではキャッシュフロー計算書を使って既存事業の診断をしてみましょう。

拡大路線を取る前のキャッシュフロー計算書

営業 CF	＋80
投資 CF	0
財務 CF	△80

上のようなキャッシュフロー計算書の状態で拡大策に取り組むことは適切でしょうか?

　正解は「否」です。

　現状では、既存事業では営業 CF から獲得した自己資金が借入の返済と同額程度しかありません。つまり借入を返すだけの成果しかあげられていないことになります。

　拡大路線を取るためには、もう少し営業 CF が大きくプラスになっていなければなりません。

営業 CF	＋ 150
投資 CF	0
財務 CF	△ 80

　このような状況であれば、拡大路線を取ることも可能でしょう。これならば借入を 80 返しても 70 の自己資金が残ります。その中から拡大策を実行するための資金を用意することができます。

　ここで、今までキャッシュフロー計算書を説明するときにあまり触れてこなかった「投資活動によるキャッシュフロー」について触れてみます。第 1 章の資産に関する項目で触れた固定資産の購入といった項目がこの欄に入ることになります。

　詳しくは第 1 章を読み返していただきたいのですが「固定資産の購入では支出が先行して、後から費用が計上される」という経理処理が行われます。

　これを資金繰りの面から考えると、固定資産の購入資金は基本的に営業 CF と財務 CF の差額から求められる、ということになります。

　先ほどのキャッシュフロー計算書をもう一度見てみます。

営業 CF	＋150
投資 CF	0
財務 CF	△80

　投資活動（固定資産の購入など）に使える限度額は70ということになります。その範囲内であれば、会社の現預金を減らさないで拡大策のための投資活動を行うことができます。

営業 CF	＋150
投資 CF	△70
財務 CF	△80

　これが限界まで拡大策を実行した場合のキャッシュフロー計算書です。

　後ほど拡大時期における資金調達の問題を提示しますが、基本的な考え方として、拡大のための資金は利益から獲得された自己資金を用いるべきです。そのためには、既存事業から適切に自己資金が得られるようになっていることが求められます。

「既存の事業がきちんと上手くいってから拡大を目指すべき」。これが基本方針です。もっと過激に書くならば「既存の事業も上手くいっていない状態で拡大をしても上手くいくわけがない」ということになります。

　拡大策にどの程度の資金を使うのか、というのも大きなポイントです。

営業 CF	＋150
投資 CF	△70
財務 CF	△80

　このキャッシュフロー計算書では、満額一杯を投資活動に利用しています。しかし、これでは不測の事態が起こった場合等の余裕資金を確保することができません。

ある程度はゆとりをもった資金繰りを目指すべきです。
方法は二つです。

○ 収入を増やす
○ 支出を減らす

資金繰りで考えるべきことはこの二つしかありません。

営業 CF	＋150
投資 CF	△40
財務 CF	△80

これは①□□□を減らす方法です。拡大策に使うお金を減らしています。150 − 40 − 60 ＝ 30 の余ったお金は、余裕資金として会社の内部に留保されることになります。

営業 CF	＋150
投資 CF	△150
財務 CF	＋50

これは収入を増やす方法です。新しく借入金をすることにより財務CFがプラスに転じています。その借りたお金と自己資金を活用することで、それまでより大きな拡大策を打つことにしたようです。

これは非常に積極的な拡大方針と考えることができるでしょう。

最後にその拡大策のスピードは適切かという点も指摘しておきます。言い換えるならば、大きな成果を急に求め過ぎていないか、ということです。

前項においても説明しましたが、起死回生の一発や一攫千金を狙った方法というものは往々にして失敗するものです。

「大きな勝負に打って出て成功した」という美談は魅力にあふれてい

---

① 支出

ます。しかしそれは誰でも成功できるような類のものではありません。
　企業経営を博打にしてはいけません。
　合理性をもって、堅実に成果を求めていく姿勢が必要です。

4. 投資の種類

> **！ポイント**
> - お金をかける方法しかないのか
> - 商品の提示方法
> - 狙っている市場をずらす
> - 流通経路
> - 大きな会社がやっていない方法を試してみる

　拡大策をするにあたって、①□□を使わない方法はないか考えてみる必要があります。

　商品を提供する場所を少し変えるだけで途端に魅力が増すといったことはよくあります。

・それまで自社が顧客にしていた層とは異なるところに売り込んでみる（他市場への進出）
・今までアピールしていなかったポイントを前面に押し出してみる（視点の変更）
・手元にある商品のすべてを顧客にみせるような方法を考える（ネットの利用など）
・売買取引の流れを変えてみる（収入を早く、支出を遅く）

　無論、これらの方法を実行するにあたって資金が必要になることはあります。しかし単純な拡大策を進めるよりは、比較的手軽に済むものが多いです。

　拡大というと「広告を打つ」「新商品を開発する」といったゴリゴリ

---

①資金

の方法が思い浮かびますが、こういった側面攻撃のような方法が案外と効果が出たりするものです。

大切なポイントは、①〇〇〇〇〇〇の真似をしてはいけないということです。

同じ手を打つ場合、当然ながら規模が大きい方が有利に決まっています。小さな会社は大手がやっていないことをしなければならないのです。

必要なことは固定観念を取り払うことです。

常識を疑って「そんな方法ないでしょ」といわれるようなものをやってみることが小さな会社には求められているのです。

---

① 業界大手

5. 資金調達

> **! ポイント**
> - 自己資金か、借入金か
> - 借入を使う場合、拡大策の見通しを厳しく
> - 初心忘れるべからず
> - 既存事業の資金繰りを阻害しないように
> - 成果が出ていない場合、拡大策を止めることが大切

前にも触れましたが、拡大にあたっての資金源は二つです。

○ **自分で用意する**
○ **他人から借りる**

これは開業のときと基本的には変わりません。

少し違うことは、自分で用意するという行為は通常それまでに行っていた事業から用意されるということです。つまり事業の継続から利益をあげ、自己資金を獲得してそれを拡大策に投じることが求められることになります。

ポイントも開業のときとそれ程変わりません。資金源は基本的に自己資金から用意すべきです。

いずれ来るであろう拡大期に向けて、開業時からの事業活動において自己資金を獲得し続け、会社の内部に溜めておく姿勢が重要です。

営業 CF	△ 50
投資 CF	△ 100
財務 CF	+ 150

　上記のようなキャッシュフローは最悪です。既存の事業から自己資金が獲得できていない上、無茶な拡大策を行うために大きな借入を起こしています。このような状態で、借入に頼って行われた拡大策が成果を生み出す可能性は低いでしょう。

営業 CF	+ 150
投資 CF	△ 150
財務 CF	+ 50

　前々項においてあげたキャッシュフロー計算書です。やや積極的な拡大策である点についてはすでに指摘をしました。拡大策からもたらされる成果について、かなりの確度をもって実現できるという自信があるのであれば、このような資金繰りもあり得るでしょう。

　大切なことは①　　　　　がきちんとプラスに保たれていることです。

　繰り返しになりますが、既存事業から自己資金が獲得できていないような状態にあって無理な拡大策に打って出ても大概の場合失敗に終わります。

　そうはいっても、既存事業が明らかに時代遅れになって、どうしても新しい事業に取り組まなければならなくなるといった可能性は往々にしてあります。この場合の対処方法は、時代遅れになりきる前に新しい業態へと変化しておくことです。この点については、次章「維持」において詳しく説明していきます。

　借入を使った拡大策の場合に気をつけていただきたい点は、見通しを厳しくしておくことです。

　開業時の資金調達に関する項目でも説明しましたが、拡大において

---

① 営業 CF

も同じことが言えます。借入を使って拡大策を行った場合、社長さんの想像よりも大きな利益をより早くあげなければならなくなります。見通しをより厳しくして、期限を区切りながら成果を求めていく姿勢が必要になります。

　ここで困ったことに、人間の悪い習性が出てきます。
　拡大期まで至ることができた会社というものは、ある意味において小さな成功を収めた優良企業と表現することができるでしょう。実際には開業しても成果を一度も出せないまま倒産するような会社が数多くありますので、このステージに到達できただけでも経営者としては平均より上です。
　しかし、人間というものは調子づきやすいものです。
　開業の時にはある程度の見通しを立てて行動していた社長さんが、拡大期になった途端に凄まじく杜撰になるようなケースが少なからずあります。そして、杜撰な拡大策が原因で会社の多くが倒産するのです。
　初心忘れるべからず、拡大期では開業時以上に慎重な対応が求められるのです。

　拡大策のための資金についても、ある程度限度を設けておく必要があります。そうしないと既存事業を維持するための資金繰りが悪化してしまいます。
　拡大策は、当然ながら会社の肝いりで実行されます。そして大概の場合、過度にのめり込みがちです。
　必要なのは拡大策の成果を評価するための冷静な態度です。拡大策が成果、つまり新たな利益とそこから生まれる自己資金を会社にもたらしていないと判明した場合には、すぐに中止をしなければなりません。
　こういった場合、やり方を変えればどうにかなるというものではなく、

拡大策そもそもの方向性が間違っている可能性が高いです。間違った行動に資金がつぎ込まれ続けると、会社全体の資金繰りが急激に悪化していくことになります。

　長期的視野に立った行動というものは必要なものです。しかし、長期的な目標というものは短期的な成果を積み重ねることでしか達成されることはありません。会社の一つひとつの活動が成果に結びつくように絶えず判断を続けなければなりません。

　時には現在の行動をスパッと止めることも必要です。

6. 事業規模

> **! ポイント**
>
> ・既存事業の拡大か、新規事業への参入か
> ・自社のブランド化を目指すような拡大策を
> ・新規事業の場合、開業時と同じような準備をしっかりと
> ・戦力を集中させることの意義

　本章の冒頭に「拡大の必要性を問う」ことに触れました。ここではもう少し長い目で事業拡大について考えてみます。
　まず、今検討している拡大策は「既存事業の拡大策」でしょうか？それとも「新規事業への参入策」でしょうか？
　どちらも場合によっては良策ともなれば大失敗ともなるものです。
　どんなケースが考えられるのかについて少し掘り下げみます。

「競合他社がそれほどいない」「自社がすでにある程度市場のリーダーシップを取っており、市場を占めることで価格競争力などについて有利な状況が構築できる」「業界全体がこれから盛り上がるところなので、勢いに乗りやすい」このような場合、既存事業の拡大はそれほど高度な行動指針を練らなくても一定の成果を出すことが考えられます。
　ただし、物やサービスが溢れ返っている現代の日本にあってこのような業界がそうそうはないこともしっかりと認識しておくべきです。だからこそ、堅実な拡大策を実行することこそが求められているわけです。

「業界としてすでに下落傾向にあり、今後盛り上がることもおそらくな

い」「すでに陳腐化した商品であり、新しい商品が誕生している」。このようなの場合、すでに既存事業の分野で拡大策を打つことにメリットはないかもしれません。

例えば家庭用ファックスに関する業界などはこれにあたるでしょう。メールやWEBといった新しいツールに押され、家庭用ファックスの需要が今後高まることはないと考えても良いでしょう。そのような状況にあって、家庭用ファックス業界でのシェアを拡大するための活動が事業活動にとって有用でありえるでしょうか？

こういったときには長期的視野を活用しなければなりません。次章「維持」や第5章の「縮小」において説明されているような対策が必要になるでしょう。

また既存事業の拡大を行うにあたり、絶対に気をつけるべき事項があります。

それは業界内での自社の立ち位置をはっきりとさせることです。

税理士事務所を例にしてみます。

私は神奈川県川崎市というところに住んでいます。この近辺には税理士・公認会計士といった資格を有している人が実に多く住んでいます。競合相手は非常に多く、単に「税理士です」といって拡大策を行った所で大した効果は見込めません。

そこで私は次のような特徴を前面に出すようにしています。

・若い
・中小零細企業の事業に関する顧問に特化している
・大手企業や海外税制、大資産家の資産税対策といったことはやっていない
・税務偏重ではなく、経営コンサルタント的な分野までフォローしてい

第3章　拡大

る
- 大規模法人のみが対象とされるような複雑な税制については対応しない
- 中小零細企業において見逃すことができない「事業面」と「家庭面」のバランスについてフィナンシャルプランナーの資格を使ってアドバイスすることができる
- 面談を基本として、社長さんとお話する時間を大切にする

　特に注意していただきたいことは「これはやっていません」ということをはっきりと相手に伝えている点です。

　大手税理士法人などにおいては、私がやっていないような分野についても当然仕事を受けています。しかし、私がそんな大手の真似をして上手くいくのでしょうか。絶対に無理です。人材・資金・時間など、すべての面において私は大手税理士法人に勝てるわけがないのです。「投資の種類」に関する項目でも説明しましたが、小物は①_____の真似をしてはいけないのです。

　既存事業の拡大を目指す場合でも、大手と自社との違いをなるべく市場に訴える必要があります。それを繰り返し主張することで、自社の色「ブランド」が生成されることになります。

　②_____は利益を生み出すための強力な武器となります。拡大策に取り組む場合、事業の仕組みを強化しつつブランドが生成されるような行動を続けることが必要不可欠なのです。

　新規事業に参入することで拡大する場合には開業時と同じような考え方をしっかりと持ってください。経営者としては経験を積んでいますが、その業界においては新人です。

　見通しを立て、資金調達においては自己資金を中心に据え、まずは

---

① 業界大手　　② ブランド

早めに成果を出せるような行動を心掛けるべきです。成果が確認された場合には、堅実に成長させるような行動を継続させる必要があります。

新規事業で多いのは、立ち上げただけで結局はおしまいというケースです。ちょっとした成果を出して満足してしまったり、そもそも成果の測定がきちんとされないまま店晒しになっているようなケースが少なくありません。

始めたからには責任をもって成果を求めるべきです。無論、きちんとやってみてダメだった場合は中止する勇気も必要です。

新規事業の開始については、次章「維持」の中でも触れてみます。

事業の規模を考える上で一番の原則は「会社の資源は強みに集中させるべき」という大原則です。

本書の中では繰り返し効率性という言葉を用いてきました。

投じた費用・支出に対してより効率的に収益・収入を計上し、利益をあげ、自己資金を獲得することこそが会社の資金繰りを良くするための最良の手段です。その為に大切なことは「自社の強みに力を集中させる」ことです。

商品の品質についてはほどほどでも、物流に関して優れた会社があるとします。品質は平均的ですが、顧客からのオーダーに対して非常に迅速な対応をすることがその会社の強みだと認識されています。

その会社がある日突然、「これからは品質を重視します」「その為に出荷が遅れることがあるかもしれません」などと言い出したらどんなことになるでしょうか？

品質の改善など一朝一夕にできることではありません。同業他社のより高品質な製品に追いつくためには相当な資金と人材、時間を要することでしょう。おまけに顧客にとって最も大切な価値だった「対応が迅

速」という長所を殺してしまおうとしているのです。

　これは事業経営の方針としては最悪の部類に入るものです。

　中小零細企業のように資源が限られている場合、余計なことをやっている暇はありません。基本方針としては、弱点をフォローするよりも①□□を伸ばすことを考えなくてはなりません。

　先ほどの例であれば「今まで３日かかっていた発送までの時間を１日に短縮します」という対応こそが、支出に対する収入を最大化させ、自己資金の獲得を促すためにできる最良の手段であると考えるべきです。

　このような考え方から導き出されるのは、大きいことが良いこととは限らない、と本書で繰り返し主張していることです。

　既存事業にしろ、新規事業にしろ、拡大策からもたらされる成果が会社にとって良いものであるとは限らないということをしっかりと認識しておくことはとても大切です。

　そうは言っても、実際には多くの会社が拡大路線を目指すことでしょう。その時には堅実に、自社の強みを活かして、戦力を集中させながら先に進むことこそがその拡大を良いものにするために必要なことです。

---

① 長所

7. 単価設定

> **! ポイント**
>
> ・商品の値決めは経営の最重要事項の一つ
> ・売上 = 単価 × 数量の意味をよく考える
> ・安売り合戦では小さな会社は勝てないことを認識する
> ・資金繰り対策とマーケティング（仕組み作り）はセットで考える
> ・高さを正当化できる根拠はブランドにあり
> ・中小零細企業にとってブランドの源泉は人、特に社長
> ・個別的商品は高くても売れるようにしなければならない
> ・単価設定でも効率性を重視すること

　拡大期においては、より沢山の商品やサービスを販売することになります。その時に最も気にしなければならないことを一つ上げるとしたら、私は迷わずに「商品の値決め」、つまり「単価の設定」を取り上げます。

　① 　　　　　という作業は会社の規模に関わらず、非常に軽視されている面があります。

　安くしてたくさん売るという薄利多売の方式がもてはやされていますが、値決めというものはそんなに簡単なものでしょうか。

　拡大期の初期に決めた単価はその後の経営にとても大きな影響を残します。その点をしっかりと認識した上で、適切な単価設定を目指しましょう。

---

① 値決め

まず、第1章「収益」の項目において掲げた計算式をもう一度見てみましょう。

○ 売上高 = 単価 × 数量

ここで問題にしたいのは単価です。

拡大期というと、つい数量を伸ばすことばかりに気がいってしまいます。しかし、実は会社がより簡単にコントロールすることができるのは単価の方なのです。

例えば売上高を2倍にしようと思った場合、多くの会社が顧客数を2倍にする方法しか考えていません。

しかしながら、売上の構成要素は二つあるのです。

単価を1.4倍、顧客数を1.4倍にすることができればそれで2倍になります。そして、複数の要素を見ながら事業運営を続けた方が成果は出しやすいものです。

・今まで低単価の商品しか買っていない顧客に高単価商品を販売する
・これまでよりも高い価格帯の商品を導入する
・仕事内容の提示方法を変えることにより、単価向上を図る

小さな会社でも打つことができる手はかなりあります。常に単価を意識しておくことが、結果的に収益を伸ばし資金繰りを助けることにつながるのです。そして、そのような意識を持ち続けることは、自社を守るためにも必要です。

まず受け入れなければならないのは①_____では小さな会社に勝ち目はない、という事実です。これはどのような職種においても言えることです。小売業や製造業、はてはサービス業に至るまで、どんな

---

① 安売り合戦

業種でも価格合戦を始めた時点で結果は決まっています。最後に勝つのは大きな会社です。

そうならないためには、小さな会社こそ単価を意識した経営をしなければなりません。

大手が100円で売っているものは、120円で売る必要があります。

何も手を考えなければこんなことは不可能でしょう。しかし、この不可能と思われているようなことを何とかするための行動をしなければ、最終的に大手に潰される運命にあるのです。

このために必要な考え方がマーケティングです。マーケティングとは「仕組みを作ること」を意味します。

本書は資金繰りを説明するための本ですので、マーケティングについて詳しいことまでは踏み込みません。しかしながら、資金繰りとは、それ単独で考えられるようなものではないという点についてはよく理解しておく必要があります。

ここでは高単価を実現するために最も必要な要素であるブランドについて簡単に説明をします。

ブランドとは自分と他人を区別させるものです。よく差別化戦略といった言葉が出てきますが、これを言い換えたものがブランド戦略です。

それでは、なぜブランドが高単価を実現するために必要なのでしょうか？

簡単な例をあげてみましょう。

大手スーパーで売っている洗剤を地元のドラッグストアが販売しようとする場合、価格で不利な状況になることが非常に多いです。大手は大量仕入れによる費用削減をすることで、販売価格も安くできます。それに対して地元店舗では、そういった価格対策を打つことができませ

ん。

そこで必要なことは「地元店舗で買ってもらうことの利点」をお客さんに実感してもらうことです。例えば次のようなポイントはどうでしょう。

・地元で長いこと商売をしているので、町内に顔見知りが多い
・お客さんごとの好みを把握している
・お客さんの現況などを把握しているので、単なる商品販売に限らない行動ができる
・相手が入院していたことを知っているなら「大丈夫?」と一言声をかけられる
・社長の個性的なキャラクターを存分に売り込むことができる
・極論すれば「社長さんが面白い人」というだけで事業が継続できる可能性もある

何てことのないポイントばかり挙げているように思えるかもしれません。しかし、実は小さな会社の① ブランド というものは、こういった非常に人間的な部分から発生していることが多いのです。

特に社長さんのキャラクターは大変重要です。小さな会社の社長さんは魅力的でなければなりません。「もてる」社長さんの会社は、成果も出していることが多いです。

もちろん商品そのものが非常に特徴的であることもブランドを構成する要素になります。大手企業で製造していない商品や単においしいだけではない料理を出すお店ならば、それを積極的に前面に打ち出すことでブランド化を図ることができるでしょう。

拡大策を実行するにあたっては、② ブランド力 を高めておくことが絶対必要条件です。というよりも、ブランド力の強さによって会社の規

---

①ブランド　②ブランド力

模を決めるべきです。

例えば社長個人の魅力を前面に打ち出す場合、到達できる会社の規模にはどうしても限界が生じます。これは「良い悪い」の問題ではなく「向いているかいないか」の問題です。

上場企業を目指そうとするような場合、社長や社員の力に合わせて、非常に特徴的な商品や技術を持っているなどのブランドが必要になってくるでしょう。

そういった強いブランドを持たないままやたらと拡大を繰り返してしまい、事業運営に失敗するケースは決して少なくありません。

この場合、最終的にたどる道は値下げによる販売量増加 → 単価の下落が止まらない → 事業の効率性が悪化する。こんなところです。

自社のブランド力に根ざした事業運営をすると、適切な企業規模や商品単価というものが設定できます。ブランド力を保つことが単価を維持する原動力となり、会社に収益・収入をもたらし資金繰りを助けることにもつながるのです。

ブランドの上に成立している特別な商品は値段が高くても売れます。やや逆説的な表現をすると「ブランドの上に成立している個別的商品は、高く売れなければならない」とも言えます。個別的商品とは「普通ではない商品」という意味です。

例えば服の場合、スーパーで売っている一枚1,000円のシャツと個別ブランドで売っている一枚8,000円のシャツ。前者が一般的商品で後者が個別的商品と言えます。

シャツであるという点においてはスーパーで買おうが個別ブランドで買おうが変わりはありません。しかし個別ブランドを展開している会社は一枚8,000円のシャツを売らなければならないのです。

そのために必要なのは「ブランドを認識してもらうこと」です。

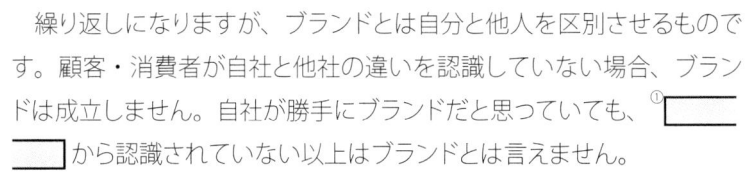

繰り返しになりますが、ブランドとは自分と他人を区別させるものです。顧客・消費者が自社と他社の違いを認識していない場合、ブランドは成立しません。自社が勝手にブランドだと思っていても、①□□□□から認識されていない以上はブランドとは言えません。

顧客に対して、常に「ウチの会社はこんなことをやっていますよ〜」「私はこんな風に考えているんですよ〜」といった点を伝達、アピールする必要があります。この作業を怠ってしまうと、単価を下げないと売れない状況が訪れます。最後に待っているのは安売り競争に巻き込まれた挙句の倒産です。

この伝達やアピールを考える際に、小さな会社においては社長さんのキャラクターを全面的に利用することを強くお勧めさせていただきます。

商品をより高く売るためには「社長さんが魅力的になることを目指す」「社長さんのキャラクターを全面的に押し出す」「自社の商品が他社とは違うものだとアピールする」ことが大切です。

前述のドラッグストアの場合、売っている商品は大手スーパーと同じです。したがって最後の「自社の商品が他社とは違うものだとアピールする」方法は取り入れることができません。

しかし社長さんという②□□□を売り込むことはできます。

このようなブランド力を磨くことにより、個別的商品だけでなく一般的商品でも大手より高い値段で売ることができるようになります。

「何となくあそこのお店で買っちゃうのよね〜」と言われるような状況が小さな会社にとっては最良の状態であると考えられます。

最後になりますが、単価が高い方が常に良いというわけではありません。売上の構成要素は単価と数量です。

---

① 顧客・消費者　　② 人物

- 単価 10,000 円なら売れる数は 100
- 単価 8,000 円なら売れる数は 1,000

　上記のような例なら、商品の原価にもよりますが採用されるべきは単価 8,000 円でしょう。効率性を求めることは単価設定においても同じです。

　ただし、上記のように「単価がいくらなら、いくつ売れる」とは最初からわかりません。単価と数量の関係は中々読めないものです。

　その場合「とりあえず安くしておく」という考えが一般的でしょうが、これはあまりお勧めできる方法ではありません。

　商品の単価は①[　　　]を意識するということを常に意識しておきましょう。

---

① 高め

第3章 拡大

8. 在庫数量

> **！ポイント**
>
> ・拡大期には無自覚に在庫量が増えやすい
> ・在庫は「仕入れたのにまだ現金化できていない商品」
> ・適正量の在庫を保つことを常に心がける
> ・仕入のルート、製造工程などを追及する
> ・サービス業においても作業工程を見直すことは有効

事業の拡大期における最後の注意点は在庫数量です。

拡大期においては、商品の在庫を増やすことになります。一定数量を確保しておかなければ収益をあげる機会を逃したり、事業の継続が難しくなるからです。

しかしその際にありがちなのが、必要以上に① ┃　┃ を増やしてしまうことです。

在庫というものを資金繰りの観点から見てみましょう。

商品売買の取引をもう一度確認します。

---

① 在庫

1. お金を用意する
    ↓
2. 商品を仕入れる(費用が計上される)
    例:商品を70円で仕入れる
    ↓
3. 商品の代金を支払う(支出が計上される)
    例:商品代70円を支払う
    ↓
4. 商品を販売する(収益が計上される)
    例:商品を100円で販売する
    ↓
5. 商品の代金を回収する(収入が計上される)
    例:商品代100円を回収する

　在庫は3と4の取引の間に存在します。

　つまり、商品在庫とは費用と支出が計上されているのに、収益と収入は計上されていない状態と理解すべきなのです。言い換えるならば、お金が出ているのにそれに対応すべきお金が入ってきていない状態が商品在庫なのです。

　在庫が積み上がっている状態というのは資金繰り上、非常に良くない状況です。お金をかけて買ったものをまだお金に換えることができていないのですから、手元の資金が非常に① [　　　] 状態ということです。

　拡大期においては無自覚に在庫が増えてしまい、そのことが原因で手元資金が不足し、事業が行き詰るようなケースも決して少なくはありません。あえて断言するならば、多すぎる在庫は悪なのです。

---

① 少ない

大切なことは、多すぎず少なすぎず、適正量の在庫を保有することを意識することです。

事業を拡大しているときというのは勢いに乗っているものです。ついつい調子に乗って商品を仕入れすぎてしまうこともよくあります。拡大期においては自制心が求められるのです。

では少なすぎる商品在庫で常に事業が続けられるのでしょうか？
決してそんなことはありません。急な受注のチャンスを手元に商品がないために逃してしまうようなことは極力避けたいものです。
そのために次の二点について、会社は常に努力を続ける必要があるのです。

○ 仕入ルートの研究
○ 製造工程の適正化

大切なことは「売るべき時に商品が①____にあること」です。そのためには商品を手元に置くまでの行程、つまり仕入や製造について研究することが必要です。

仕入に4日かかっていたものが2日に短縮できれば、それだけ手元に置いておく商品の量を減らすことができます。製品の完成まで一ヵ月かかっていた製造工程が、見直しにより二週間に短縮できれば、材料の仕入れや人員の割り振りにも余裕ができるようになるでしょう。

このような現場での仕事を研究することにより、資金繰りを改善させることは十分に可能なのです。

このことはサービス業の分野でも同じことが言えます。

サービスは在庫をすることができません。作り置きをすることができないのです。一方、サービスの提供には人員の配置が不可欠です。ですから需要の多い時には多めの人数を、少ない時には少ない人数を配置することが大切なのです。あたりまえのことのようですが、サービス業においてはこの点について意外と忘れられていることがあります。

また、効率よく顧客にサービスを提供する体制を整えることが、結局は資金繰りを改善することにもつながるのです。例えば現場の工程を研究することで、より短時間でサービスを提供するといったようなことです。

このように、どのような業種においても現場での作業を研究することは必要なのです。

---

① 手元

第4章　維持

この章では
現状を維持しようとする場合の資金繰りについて考えていきます。
実は維持という作業はそれほど簡単なものではありません。
特に昨今のように物事の移り変わりが
早くなってきた状況にあってはなおさらです。
資金繰りとはそれのみで考えることが不可能です。
事業そのものが健全であることを前提として、
資金繰りを改善することが可能なのです。

宮本武蔵の言葉に
「いつくは死ぬる手なり」
というものがあります。
簡単に意味をご説明すると「安定すると死ぬ」
ということです。
同じことを続けているだけでは、変化する
周囲の状況に対応することはできないという、
非常に合理的な意味合いの言葉です。

大切なことは自社を変化させることを恐れないことです。
維持するためには変わらないといけません。
ある意味、本章は最も大きな変化を求める内容となっています。

1. 事業の陳腐化

> **ポイント**
> ・自社の商品はいままでのように価値あるものか
> ・代替商品が登場していないか
> ・商品の無料化が始まっていないか
> ・縮小の状態になってからでは遅い
> ・自社を陳腐化させるのは自社であるべき

　事業の維持を考えるにあたって常に意識をしておくべきことがあります。

　それは「自社の商品はいまでも価値があるものなのか」ということです。

　それまで事業を続けてきたということは、その商品には①□□□ があったことは間違いがありません。しかし、それではこれからもずっとその状況が続くのかと言われればそうとは限らないのも事実です。

　例えばパソコンを考えてみましょう。

　世間にこれだけパソコンを売るお店があるのですから、パソコンに対する需要が現状ではそれなりにあることは予想ができます。しかしこれからもその状況が続くかと言われれば決してそうではありません。すでに若年層においてパソコンは携帯電話にその地位を奪われつつあります。また現在進んでいるインターネット関連の技術が一般的になれば、パソコン自体は大して重要ではなくなるのではないかという予測があります。

　商品というものはいずれ陳腐化します。そして陳腐化までのスピードは年々速くなっていると考えるべきです。

---

① 需要

自社事業が陳腐化しているか否かを判断するための目安は、①[　　　]と②[　　　]の二点があげられます。

　代替商品とは自社の商品と同じような機能を持つ別の商品です。

　例えば家庭用ファックスに対する電子メールが該当するでしょう。どちらも「相手に情報を伝達する」という機能は同じです。携帯電話とメールがあれば、大概の情報伝達には困らなくなりました。同じように似たような機能を持つ商品群は多数存在します。

　無料化とは、それまで有料で提供されていたようなサービスが無料で提供されるようになっていくことです。

　例えば電車の乗換案内ソフトを考えてみます。以前はそれ専用のソフトを購入して自分のパソコンで使うのが普通でした。しかし現在ではインターネットを使って無料で乗換案内を調べることができます。特にパソコンやインターネット関連の商品ではこの無料化が非常に多くみられます。

　無料で使える商品があふれ返っている状態で自社の商品を有料で販売することの難しさはあらためて想像するまでもないでしょう。

　代替商品の存在や無料化の進行は、既存の事業に対して変革を求めてきます。その動きに対応するためには自社事業が本格的に衰退・縮小傾向に入ってしまってからでは遅いのです。自社事業がまだ維持されている内に、変化に対応するための手段を考えておく必要があります。

　願わくば自社の事業を陳腐化するのは③[　　　]であるべきです。他人から陳腐化されてしまった場合、待っているのは倒産です。

　自らの手で自分の仕事を否定していく作業こそ、事業を維持していくのに必要不可欠な作業なのです。

---

①代替商品　②無料化　③自社自身

2. 新規事業の開拓

> **! ポイント**
>
> ・既存事業から進展させる方が無難
> ・基本は「ずらす」
> ・まったく新しいことを始めるのは開業と同じ心づもりで
> ・場合によっては別の会社を用意する

　自社事業の価値をチェックしていて問題がわかった場合、対策を打つ必要性が出てきます。場合によっては新しい事業を開拓する必要性に迫られることもあります。

　この場合、まずは既存事業からあまり離れ過ぎない事業の開拓を考えるべきです。

　いままで小売業しかやったことがない人が、突然製造業を始めたりすることは中々無理があるのではないでしょうか。既存事業で得た知識なり人脈なりを活用できる分野への進出をまずは目指しましょう。

　これは資金繰り的にも意味があることです。

　新規事業を始めるにあたっては①　　　　　　が必要になります。場合によっては固定資産の購入や追加費用・支出が必要になることもあるでしょう。

　既存事業を当面維持する必要がある以上、新規事業に対して無制限にお金を使えるわけではありません。使うお金はあまり多くない方が良いに決まっています。

　したがって、とりあえず現在保有している経営資源（人や物）を有効活用できるような分野への進出を検討すべきでしょう。

---

① 初期投資

既存事業と関連がある新規事業への進出にあたっては、基本的な発想法があります。

　それは「ずらす」ということです。

　例えば自社の事業を「商品」と「顧客」という軸から考えてみます。商品をずらす方法には「他社の商品を仕入れて売る」「今まで設計をやっていたが、これからは製造までやる」「今まで製造と小売りをやっていたが、これからは製造のみに絞る」「専門分野を確立して、それ以外の部分には手を出さない」「別の能力をもつ専門家を自社に入れてサービスの幅を拡充する」といったものなどがあるでしょう。

　多くの事業というものは流れの中に存在しています。製造業ならば材料の調達から最終的な商品の販売まで、大きな流れの中に自社の事業は存在しているのです。その中で上流や下流（垂直方向）に自社事業をずらす方法があります。あるいは隣接する他の流れ（水平方向）にずらす方法もあります。自社の仕事が大きな流れの中においてどこに位置しているのかを常に考えておく必要があります。

　次に顧客をずらす方法には「今まで法人向けに売っていた商品を個人用にカスタマイズする」「子供向けのおもちゃを大人向けにアレンジして売る」「男性用商品と女性用商品」「クラシック音楽の世界からポップスの世界へ」「伝統芸能を分かりやすく一般向けに」といったものがあるでしょう。

　これらはどれも実際にあった事例です。

　新規事業を開拓するにあたり、最も良い手段は①[　　]をずらす方法です。なぜなら既存の商品をそのまま、あるいはある程度の手直しをするだけで事業が成立します。初期投資もそれほど必要ありませんし、今まで自分が売っていた商品ですので自信を持って売り込むことができるはずです。

　場所を変えた途端に売れるようになる、というのは多くのヒット商品

---

① 顧客

において共通している事項です。売り込む相手として他の候補はいないのか、常にアンテナを張っておくことをお勧めいたします。

既存事業の中で「ずらす」べき軸は商品や顧客以外にも色々なものが考えられるかと思います。

次にまったくの新規事業を開拓する場合を考えてみましょう。この場合、基本的な発想法は開業のときと同じです。

○ どんな種類の事業に手を出すのか
○ 既存事業と比較し、どの程度の規模まで育てるつもりなのか
○ いつまでに成果を出すことを目標とするのか
○ 既存事業からどの程度の資金を回すのか

こういったことを考えてからでないと、新しい事業を始めることはできません。

また、新規事業を始める為には①◯が必要です。

既存事業から回すのか、あるいは新しく雇うのか。

最初の開業時であれば社長自らが何でもやることができましたが、新規事業の開拓にあたっては既存事業の経営もしなければなりません。既存事業からある程度自己資金が得られていることを前提として、お金を使って②◯を買うといった作業が必要になる場合もあります。

まったくの新規事業を始めることの難しさがおわかりいただけるでしょう。

第3章「拡大」の事業規模に関する項目において、会社は経営資源を強みに集中させる必要があるということを説明しました。

新規事業の開拓は経営資源を分散させることにつながります。また、築き上げたブランドの力を弱めることにもなりかねません。「地元で信

①人　②時間

頼されている工務店」が「旅館業も始めました」となったらどうでしょうか？　今まで地元で育ててきた信頼感を損ねる結果になるのではないでしょうか。いずれ来るであろう既存事業の終焉を余計に早める結果になるのは目に見えています。

　まるっきりの新規事業を開始することは、基本的に相当の危険がつきまとうということを認識しておくべきです。

　単なる開業であれば失敗したとしても失うものはありません。しかし、既存事業を抱える会社にとっては、失うものがあまりにも多くあります。

　場合によっては別の会社を用意することも考慮すべきです。そうすれば既存のブランドに下手な影響を与えることもなく、新しい事業を始めることも可能になります。

　繰り返しになりますが、まずは①　　　　　を活かす方法を考えてみましょう。どうにも活用方法がない場合に、はじめて新規事業を開始することを考慮すべきです。

---

① 既存事業

3. 既存事業を捨てる

> **ポイント**
> - 複数の事業をすでに営んでいる場合、各事業の採算性をチェックしているか
> - 各事業ごとの効率性を高める努力をしているか
> - その事業を継続することに意義はあるか
> - 撤退には時間がかかる

一つの会社で一つの仕事しかしていない、というケースは案外と少ないものです。外からみれば同じような仕事でも、実際には大分違う内容であったり、複数の商品・サービスを提供しているようなケースも多くみられます。こういった場合に、それぞれの事業において本当に成果が出ているのかを確認しておく必要があります。

小売業と製造業を営んでいるような会社で、それぞれの事業にはそれほど強い関係性がないとします。

小売業では利益から自己資金が得られているが、製造業の方では損失が大きく、小売業で獲得した自己資金をそちらにつぎ込んでいる、といったケースがみられます。実は小さな会社でも関係性の薄い複数の事業を営んでいるようなケースは決して少なくありません。

ところが肝心の社長さんは「どちらもウチの会社の仕事」というイメージが強いため、二つの事業を分けて考えることができないでいるのです。

本書で繰り返し指摘している通り、事業においては効率性が大変重要です。この場合には、まずは^②〔　　　　　〕に効率性を高める努力を

---
① 事業ごと

する必要があります。費用・支出に対して、でき得る限り多くの収益・収入を獲得できるような個別事業ごとの対策を考えなければなりません。小売業では必要のないことでも、製造業ではやらなければならないことがあるはずです。

ここまでのことを確認した上で、あえて問わなければならないことがあります。

それは、その事業を①[　　]することに意義はあるのか、ということです。

小売業で成果が出ているのに製造業が失敗してるため結局お金が残らないのだとしたら、一番簡単な解決方法は製造業を止めて小売業だけにしてしまえば良いのではないでしょうか？

これも繰り返しになりますが、事業の基本は経営資源の集中です。自社の強みが小売業にあるのだとすれば、貴重な資源を製造業に割り振っていることは損失以外の何物でもないのかもしれません。

このことは会社そのものが比較的順調な時期において判断する必要があります。事業から撤退するためにはそれなりの時間やお金がかかります。ある日突然パタリと止められるようなものではありません。

また好調な事業がある状態ならば、不採算事業を取りやめるにあたっても対応策が考えやすくなります。

事業経営においては予防的見地が重要です。本当に問題になってから対応策を考えても、すでに打てる手は限られています。事業の維持を考えることができる状態のうちに場合によっては②[　　]を決断する必要もあるということです。

早めの対処をすることが会社の資金繰りを良くすることにもつながります。

---

① 継続　　② 撤退

4. 事業の工夫

> ### ❗ポイント
>
> ・常識を疑い、仕組みを変える努力をする
> ・投じた費用・支出に対する効率性を良くする方法を考える
> ・変化を恐れない
> ・かといって大きな変化を求め過ぎない
> ・特に人の無駄遣いがないかよく確認する。「二八の法則」が許されるのは大企業のみ
> ・社長がやるべき仕事をしっかりと考えているか
> ・社長は「木も見て森も見る」姿勢が重要

　既存事業そのものに大きな問題がなく、当面はその事業を継続するとした場合でも研究すべき事項は多くあります。

　それは事業の仕組みです。

○ 材料や商品の仕入スピードは十分か
○ 顧客に対するアフターフォローの体制は整っているのか
○ 販売窓口は適切に設置されているか
○ 商品の提示方法に問題はないのか
○ 効果が出ていない広告に費用をかけすぎていないか

　例えばこのような事項が検討課題に上るでしょう。それぞれの項目について、こんな考え方があるという説明をしてみましょう。

○ 材料や商品の仕入スピードは十分か

　仕入のスピードが重要であることは前章の在庫に関する項目でも指摘しました。より素早く材料や商品を調達できる仕組みを用意することができれば、無駄な在庫を抱える必要がなくなることから様々な費用削減効果が期待できます。保管のための倉庫料や在庫の品質管理などはどの業種でも頭の痛い課題です。

○ 顧客に対するアフターフォローの体制は整っているのか

　商品の種類によっては、「売りっぱなし」で終わるのではなくアフターフォローまでを視野に入れることで顧客のさらなる購入を促すことができるかもしれません。

　すでに自社の商品を購入しているということは、その顧客は自社及びその商品に対して一定の興味を持っていることになります。

　まったく興味を持っていない新規顧客を獲得するよりも、すでに購入している既存顧客の購買欲を掻き立てる方が場合によっては楽かもしれません。

　定期的に①_____にアプローチをする仕組みを作ることが、新たな需要を生み出す可能性があります。

○ 販売窓口は適切に設置されているか

　ネットショップを取り入れる小売業は数多くみられるようになりました。

　場合によっては代理店を設けても良いのかもしれません。自社のみで実店舗を持つのが難しい場合でも、他社と共同で店舗をシェアするような考え方も成立します。

　適切な場所に販売窓口を設けることで、収益・収入を獲得するチャンスは増大します。

---

① 既存顧客

第4章　維持

○ 商品の提示方法に問題はないのか

　複数の商品を販売しているにも関わらず、顧客に対してその一部しか提示できていないようなケースもよくみられます。

　顧客は「ホースの先端は売っていない」と思いこんでおり、自社のホースにわざわざ他社製のホースの先端を買ってつけていた、というようなケースもあるのです。

　自社の商品を購入しているということは、それに①□□する何かも欲しがっている可能性が高いのです。適切な提示方法をみつけることで、今まで思ってもみなかった方面からの需要が見込めるようになるかもしれません。

○ 効果が出ていない広告に費用をかけすぎていないか

「広告を出したら顧客が増えた」というケースでも、その効果をきちんと測定することは必要です。実は広告の効果ではなく「既存顧客からの口コミ」である可能性もあります。

　現在投じられている費用・支出が本当に効率よく成果をあげているのかをチェックすることは常に求められていることです。

　上記の事例以外にも気にすべきことはいくらでもあります。

　大切なことは自社の常識を疑うことです。自社にとってあたりまえのことが、顧客にとってはあたりまえではないことが多くみられます。

　そして、対策を打つ上で大切な考え方は、やはり効率性です。費用・支出から少しでも多くの成果を獲得できるような仕組みを用意する必要があります。

　②□□をすることは大変な不安や苦痛を自社に与えるかもしれません。しかしながら、変化をし続ける姿勢こそが会社を維持させるために必要な姿勢です。

---

① 関連　② 変化

同じやり方が通用する時間が短くなり続けている現在、常に自社の体制を不安定な状態にしておくことが求められています。
　とはいっても大きく体制を変えるのは会社の崩壊を招きかねません。少しずつ堅実により効率的な事業経営ができるように変化を続ける必要があります。

　小さな会社の仕組みを考える上で最も気をつけていただきたいのは人員の配置です。不用意に人員が増えすぎていたり、逆に明らかに人が足りていないようなケースが多くみられます。
「二八の法則」というものをお聞きになられたことはあるでしょうか？
　どんな集団においても、成果の八割を出しているのは上位二割の構成員であり、残り八割の構成員は全体の二割しか成果を出していないという法則です。これはどのような集団においても見られる傾向として広く知られているものです。
　しかしながら、小さな会社では「二八の法則」は許されません。
　大企業ならば無駄な人員を雇っている余裕もあるかもしれません。しかし、小さな会社にはそんな資金的余裕はないのです。一人ひとりが責任をもって事業に取り組む体制を整えなければなりません。
　① _____ は小さな会社においてこそ慎重かつ堅実に行われなければなりません。大企業ならば数ある人員の中から優秀な社員が出てくることを期待することもできるかもしれません。小さな会社では、それを待っている時間もお金もないのです。

　そして最重要人物の配置に関しても常に考えなければなりません。
　それは② _____ です。
　会社がそれなりの規模になったにも関わらず、社長としてやるべきではない仕事に注力し過ぎている社長さんが多くみられます。社長さ

---

① 人材育成　　② 社長さんご自身

んは現場の仕事ばかりをしていれば良いわけではありません。また事務仕事に専念しているだけでもいけません。

　社長さんが経営に関する事項を考えられない状態にあると、その会社は迷走を始めます。

・「現場が大切だ」とやたら現場万歳主義を唱え出す
・現場に関してまったく興味をもっていない
・「人が財産だ」と人材万歳論にとらわれてやたらと給与の上げ幅を拡大し始める
・人材育成についてまったく興味をもっていない
・事務仕事の流ればかりに気がいってしまい事業全体の流れが見えていない
・事務作業の流れに重大な問題があるにも関わらず、細かいことだと相手にしない

　上記はどれも危険な兆候です。

　経営者は「木も見ながら森も見える」立ち位置にいなければなりません。
　経営方針に関する細かい事項を一つずつ変えていくことは、利益をあげ自己資金を獲得するために最も確実な方法です。
　遠回りのようですが、結局はこれが資金繰りを改善するために最良の方法なのです。

5. お金の回り方を確認

> **ポイント**
> ・売上の回収は遅れていないか
> ・仕入の支払いは早まっていないか
> ・割引制度を活用しているか
> ・カードより現金で支払ってくれるお客さんを増やす工夫を
> ・売買決済のタイミングを変えることはできないか

この項では前項よりも手軽にできる資金繰り対策を考えます。

第2章「開業」でも触れたことですが、会社の資金繰りは「収入は早めに、支出は遅めに」の二つのことを意識するだけで、大幅に改善します。

問題はこれがどの会社にとっても共通の注意点ということです。

このことを意識している会社が取引先にいる場合、その会社が商品仕入先なら「代金、早く払ってくださいね」、商品販売先なら「代金、支払は数ヶ月先で」と対応してきます。

取引先にとって有利な話は自社にとって不利な話ということは事実として認識しなければなりません。

資金繰りの鉄則を理解している取引先がいる場合、何も対策を打たないと自社にとってどんどん不利な状況に追い込まれていくことになります。

多くの小さな会社の社長さんは「良い人」が多いです。取引先から「支払延期できませんかね?」と言われると、ついつい相談に乗って

あげてしまいます。

　それ自体は人間として悪いことではないのですが、積もり積もって自社の資金繰りがどんどん悪くなっていくケースが少なくないのです。

　取引先と良好な関係を築くことは必要なことです。
　しかし、こと①_____についてはある程度毅然とした態度を取っておくことを強くお勧めさせていただきます。一度自社が不利な状況に追い込まれてしまうと、それをひっくり返すことはなかなか難しいことです。常日頃から決済の流れに油断が生まれないように注意し続けることが必要です。

　もう少し会社間の取引に活用できる方法を考えてみましょう。
　売買代金の決済においてよく使われる慣行に「割引」と呼ばれるものがあります。これは支払期限よりも先に代金を決済することで、正規の代金よりも少し割引してあげる方法です。
　本来であれば一ヵ月先に支払期限がくる売上債権があるとします。これを今日入金してくれるなら代金を少しオマケしますよ、といった取引が割引に該当します。このような取引を売上割引といいます。
　逆の取引も存在します。仕入先に対して一ヵ月先に支払期限が来る仕入債務があるとします。これを自社が今日支払うことによって代金を少しオマケしてもらうという取引です。このような取引を仕入割引といいます。
　割引は会社同士での取引にしか適用されないことが普通です。利用することができる会社も限られているでしょう。
　しかし、これを上手く使うことで資金繰りの基本である「収入は早く、支出は遅く」という鉄則を実現することが可能になることもあります。
　場合によっては多少売上単価が下がっても（割引分オマケをして

---

① 決済

も)、早く売上代金を回収して①□□を計上する方が自社にとって有利なケースもあるでしょう。また自社の資金繰りに多少でも余裕がある状態なら、仕入割引を交渉することで②□□の総額を削減することができるかもしれません。

　小売業などの個人を顧客とする事業の例を考えてみましょう。
　最近はクレジットカードを使った決済が一般的になりました。
　しかし、代金の決済にクレジットカードが使われると、お店側には「収入が遅くなる」「手数料がかかる」という非常に大きなデメリットが二つ出てきます。
　カード会社から商品の販売代金が回収できるまでにはそれなりの時間がかかります。早くて一ヵ月、長ければ三ヵ月程度待たされることもあるようです。その間、自社にとっては収益があるのに③□□がない、という非常に嫌な状態を強いられることになります。
　またカード利用の手数料も馬鹿になりません。数％の手数料が売上から差し引かれてしまうことになります。このカード利用手数料は思いのほか重い負担となります。
「今どきカードも使えない店になんか行かない」という声も確かにあります。しかしながら、小さな会社にとってはでき得る限りお客さんにカードを使ってもらわずに現金で支払ってもらう状況を作った方が良いのです。そうすることで収入が早くなり、手数料も支払わずに済みます。
　現金で支払いをしたくなるような工夫をすることは有効です。

○ 現金払い専用のポイントカードを作る
○ 現金払い時とカード払い時で価格を変える
○ 現金払いのお客様には特典をつける

---

①収入　　①支出　　③収入

待たされてカードの手数料まで負担するくらいなら、安めの商品を無料（特典としてプレゼント）にしてでもすぐに代金を回収した方がよい場合もあります。

　最後に取引の順番を入れ替える方法を考えてみます。
「開業」の章でも少し触れましたが、着手金や前受金といった名目で少しでも自社が早く収入を計上できるようにすることも考慮すべきです。また、これと似たような方法で①　　　　　　という考え方もあります。

　小売業や製造業の一部では、基本的に商品を仕入れたり製造する取引が先にあり、その後にその商品を販売する取引が発生します。これを逆転させることで、より安全な取引を行うことができます。

　まず商品を売ってから買ってくれば良いのです。もちろんこのやり方では、トラブルにならないような仕組みを作っておくことが絶対必要条件です。信用力を失った会社はあっという間に潰れます。顧客を騙すような仕組みを作った会社が許されるはずがありません。

　服であれば先に見込み客にデザインを提示し、注文があった後で生産することもできます。クリスマスケーキなどもこのような方式が取られています。

　いずれにしても、顧客の信用に応えられるような形で自社にとって有利な取引状況を作ることが求められます。

---

① 受注生産

6. 借入と借換

> **！ポイント**
> ・何となくお金を借りない
> ・新規借入は目的を明確に
> ・目的に合わせた返済期間を選択すること
> ・投資資金をどの程度借入で賄うのか
> ・借換のポイントは「金利」と「期間」
> ・大切なのは余裕がある内に対応を始めること
> ・借入による資金繰り対策は根本的な対応ではないことに留意する

事業の維持を考える上での借入金について考えてみます。
まずこの時期に最も起こりがちな間違いを指摘しておきます。

○ 何となくお金を借りてはいけません。

維持を考えるような会社では、金融機関等から「おつきあいでお願いしますよ」といった感じで新規融資を頼まれたりします。
そのことで金融機関とよほど強いパイプができるという確信があるのであればそういったおつきあいの取引も大切かもしれません。
しかしながら、そういったおつきあいでの取引が有効に作用したというケースを私はあまり知りません。金融機関というものは、そんなに甘い組織ではありません。

借入金には「運転資金」「投資資金」の二つの目的があります。この

どちらに使うための資金なのかをはっきりとさせる必要があります。そして、目的に合わせた借入の① 返済期間 を決定しなければなりません。

短期的な運転資金を埋めるための借入であれば、返済期間は短くするべきでしょう。長期的な成長を見越した設備投資などの資金ならば、投資の効果が出る位の長い期間で借入をしなければなりません。

返済期間の設定にあたっては、投資の効果が出るまでの期間をある程度想定しなければいけません。ところがその点を曖昧にしたまま「何となく3年で」というように返済期間を決めてしまうようなケースが多くあります。何のための借入金なのかを考えていれば、返済期間についてもある程度は妥当な年数が分かるはずです。

借入金の活用は短期的な視野と長期的な視野の両方を求められています。

設備投資などの資金は、すべてを借入でまかなうことは避けるべきです。開業時の注意点と同じように、すべて借入金でまかなってしまった場合、より早く大きく成果を出さなければならなくなってしまいます。

よほどの「手堅い案件」でもない限り、設備投資ではある程度の自己資金を投じる必要があります。また、これまで確認した「維持のための変化」を実行し、事業からある程度の利益をあげ自己資金を獲得できるようになった時点で新たな② 設備投資 を行わなければなりません。

「投資をすれば一発大逆転」といった起死回生の一発というものは、おおむね空振りに終わるものです。

状態によっては既存の借入に対する借換についても考慮すべきです。各種制度融資などの拡充により、借換をすることで事業の実態を変えないまま自社に有利な資金繰りを達成することができる可能性が増えて

---

① 返済期間　　② 設備投資

きました。

　借換にあたって注意すべき点は「金利」と「返済期間」の二点です。

　金利は低く、返済期間はある程度①[　　　]した方が有利です。

　早く返したいという気持ちが先走り、返済期間を短く設定してしまう社長さんも多くいらっしゃいます。しかし、そもそもなぜ借換をするのでしょうか？

　自社の資金繰りを有利にしたいからです。資金繰りの鉄則は「支出は遅く」です。

　つまらないところで見栄を張っても仕方がありません。長い期間借入をすることで支払う金利が増えるとしても、当面の支出が減らせることのほうが重要であるケースが多いはずです。

ケース（1）

元本	3,000万円
返済期間	5年
元本の返済	50万円／月
当面の支払利息	10万円／月
支払利息総額	計500万円

ケース（2）

元本	3,000万円
返済期間	10年
元本の返済	25万円／月
当面の支払利息	10万円／月
支払利息総額	計700万円

　ケース（1）の方が利息の支払総額が200万円少なくなっています。費用・支出の総額でみればケース（1）の方が有利なのは明らかです。

　しかし、当面の支出総額をみれば明らかにケース（2）が有利です。

　ケース（1）では元本50万円と利息10万円の60万円を毎月支出します。ケース（2）では元本25万円と利息10万円の35万円を毎月支出します。

　毎月25万円の支出差額がどれほど大きな意味をもつのか、小さな会社の社長さんならお分かりいただけるのではないでしょうか？

---

① 長く

大切なことは支払う利息を安くすることではなく、会社を潰さないような資金繰りを達成することにあります。

新規借入にしろ借換にしろ大切なことが一つあります。それは「余裕のある内に対策を始める」ことです。

①現預金 がほとんど残っていない状態で、いざ金融機関に借入の申し込みをした所で門前払いを食らうのがオチです。金融機関も商売ですので、返してもらえそうもない相手に融資をしてくれるわけはありません。

事業の維持を考えることができていて、現在手元に現預金がある程度ある状態で借入関係の対策を打つことがとても重要です。

それ以上にもっと大切なことがあります。

借入を用いた資金繰り対策は②根本的な解決手段 とはなりません。

本書で繰り返し指摘してきたことですが、資金繰りの基本は、事業から利益をあげて自己資金を獲得すること。これ以外にありません。

たとえどれだけ有利な条件で新規借入や借換をすることができたとしても、事業から利益をあげて自己資金を獲得する見込みがないのであれば最終的に待っているのは倒産です。

資金繰り対策というと、つい借入や節税といった飛び道具に頼ろうとされる方が多くいらっしゃいます。しかし、そういった方法のみで資金繰りを改善することは不可能です。

事業そのものが良い状態にならない限り、本当に健全な資金繰りを達成することなどあり得ないことなのです。

---

① 現預金　② 根本的な解決手段

7. 生活費

> **! ポイント**
> ・何となく増えやすいので注意
> ・適度な刺激を維持する
> ・役員報酬を使い切らないこと
> ・生命保険などの保障を見直す

最後は生活費について考えてみたいと思います。

ご存知の方も多いかもしれませんが、多くの会社が設立後数年程度で倒産、あるいはそれに近い状態になっています。

そういった中で「現状の維持」という状態まで会社を経営することができているということは、経営者としてすでにある程度のレベルにあることを意味します。

決してお世辞でも何でもなく、そのことについて社長さんは自信を持ってかまわないと思います。

多くの社長さんは自覚している、いないに関わらず、自分が会社を守り続けることができていることに一定の満足感・達成感をお持ちです。

そのこと自体も何ら問題があることではありません。

ただ、生活費がやや異常なペースで増えやすいことには注意が必要です。

事業について現状維持を考えているということは、ご自身の① [   ] として使えるお金についてもそれほど変動することはないはずです。ところが、この状況にあって「守り通している」という事実に酔いしれるがあまり、私生活において何となく豪遊を始めてしまう方がいらっしゃるのです。

---

① 生活費

恐いのは「何となく」というところです。

ご自身がしっかりと自覚している上で贅沢をしているのであればまだ心配も少ないのですが、気がつくと遊んでしまっている状態というのはあまりよろしくありません。

第2章「開業」の生活費に関する項目でも触れましたが、事業の費用も生活費も支出をもたらすという点については同じものです。会社の規模や事業の実態が変わらないのに支出が増えているということは、②[　　　]が低下していることを意味しています。

やや下品な表現も含まれますが、次のような症状があった場合には少し注意をした方が良いかもしれません。

・（男性社長の場合）女遊びを始めた。また、そのことを妙に自慢し始める。
・周囲が買っているという理由で、特に欲しくもない車などの高級品を買ってしまう。
・あきらかに無理をして自宅を購入する。

これらのことそのものが事業にとって悪いというわけではありません（一番上の項目はそもそも人として駄目ですが）。自宅や車を購入することが事業経営にとって良い刺激になることも十分にあり得ます。

事業の維持を考えるためには、社長さんに適度な刺激が与えられ続けることが必要です。同じことばかりやっているとマンネリ化してきますし、事業の陳腐化を早める結果にもつながりかねません。

スポーツや芸術など、事業以外での刺激を社長さんが受けることは会社を維持するためにもとても有効なものとなりえます。この時期にこそ何か新しい趣味などを始めてみるのも良いかもしれません。

大切なことは上手にリフレッシュすることです。

---

① 効率性

同じ趣味ならば、同じ時間でより大きく気分が一新されるようにやるべきです。趣味に投じる時間に対する効率性を高めるようにしてください。

　第1章の支出に関する項目でも触れましたが、^①[　　　　　]を使い切ってしまうことも避けた方が賢明です。

　役員報酬というものが架空経費のような存在であることはすでに説明しました。このことについて税金の性質を例にとって少しだけ補足させていただきます。

　一人の人が100を儲けた場合、それに対して税金が30かかるとします。しかし、二人の人がそれぞれ50ずつ、合わせて100を儲けた場合、それに対してはそれぞれ10ずつ、合計20しか税金が課されません。

　一人で儲けるよりも何人かで儲けた方が安くすむことが多いのが税金の特性です。

　役員報酬とは税金のこういった性質を利用するための仕組みです。会社に100の利益を集中させてしまうと税金がたくさん課されてしまいます。そこで会社と社長さんに利益を分散させることで、課される税金を減らしているのです。

　役員報酬が架空経費である以上、そのすべてを使い切ることは認められません。仮に月額50万円と設定されているとしても、使って良いお金は30万円かもしれないのです。社長さんはとりあえず50万円をもらいますが、その内20万円は自分で貯めておかなければなりません。そしていざという時に事業資金に使えるように備えておかなければならないのです。

　この項の冒頭でお話した「何となく生活費が増えていく」ことの怖さはここに影響されます。

　本来であれば使って良いお金は30万しかないのです。にも関わら

---

① 役員報酬

ず、多くの社長さんはもらっている役員報酬のすべてが自分のものだと勘違いを始めてしまい、気がつくと月額 50 万円の暮らしを送るようになってしまうのです。

　繰り返しになりますが、適度な刺激はあるべきです。それは会社を維持するためにも必要不可欠なものであるといえます。

　一番怖いのは「何となくダラダラと使う生活費が増えていく状況」です。

　本章の最後に、社長さんに対する保険などを利用した保障体制について考えてみます。

　長年の事業活動において、それなりの借入金や仕入先への負債、従業員に対するお給料や社長さん自身の生活費といった要因も少しずつ大きくなっていることと思います。この成長の過程において、多くの社長さんが生命保険に加入されています。

　しかし、適切な額の生命保険に加入されている社長さんは少なく「まったく保障が足りていない」か「あまりにも多くの保険に入り過ぎている」のどちらかに該当しているケースが非常に多いです。

　また、節税を目的とした保険加入をしていることにより、あまりにも多くの死亡保障を受けているような社長さんも非常に多いようです。

　このことについては本書の最後でもう少し詳しく説明しますが、保障が足りていない場合、社長さんに万が一のことがあった場合に残された家族や利害関係者がとても困ることになります。また、多すぎる保険加入は、ただでさえ苦しくなりがちな資金繰りをより苦しくする原因となっています。

　必要な保障額は① ____ や② ____ の状況によって常に変わっていくものです。10 年前に保険に入っているからといって安心するのではなく、ある程度の期間をおいて定期的に必要な保障額を算定し、それに

---

① 事業　② 私生活

見合った保険に加入することが求められています。多過ぎず少な過ぎず、適切な金額の保険に加入して必要な保障を得ながら資金繰りの改善を目指すことができます。

　このことは経営者が果たすべき責任として認識しておくべきです。

　保険の見直しは正に一石二鳥の優れた手段であるといえます。

第5章　縮小

この章では
事業が縮小状態に入った場合の資金繰りについて考えていきます。
事業内容が市場から受け入れられないことから
衰退せざるを得ない状態になることは、残念ながらよくあることです。
景気の悪化や業界全体の停滞化が原因で
苦しい状態になることもよくあります。
このような状態になっても、
残念ながら会社の行動は変わらないことの方が多いようです。

今までのやり方がダメだった、あるいはダメになったからこそ現在の苦しい状態があるのです。必要なことは変えることです。
本書で繰り返し指摘していますが、資金繰りの改善は事業そのものの状態が良くなることが必要不可欠です。

○縮小する中でも利益をあげることができるような仕組みを用意する
○縮小を阻止し、反転攻勢に出る為の準備を進める

このようなポイントを目的とした具体的な行動を考えなければなりません。非常に厳しい時間制限を課せられていることも多いです。少しでも早く成果を出せるような行動を心掛ける必要があります。
そして最悪の場合撤退という選択肢も検討する必要があります。綺麗に終わらせることも、中小零細企業にとっては大切な仕事です。
事業を続ける、もう一度成長させる、あるいは撤退する。どのような選択肢でも具体的な行動が必要です。
　既存のやり方を変える勇気を出しましょう。
　本章はすべての章の中で最も攻撃的な内容といえるかもしれません。

1. 事業の取捨選択

> **！ポイント**
>
> ・変化を受け入れる
> ・何をやらなければならないのかを考える
> ・徹底して自社事業の常識を疑い続ける
> ・維持すべき事業は何か
> ・止めるべき事業はないか
> ・事業経営の基本は集中であることを忘れない
> ・顧客からの要望などを実現できるための仕組みを考える
> ・なるべく自社が身軽な状態になれるようにする

第4章「維持」では事業の陳腐化に関する考察を行いました。

考察が不足していたり、具体的な行動が伴わないような場合に残念ながら会社は縮小の状態に追い込まれることがあります。あるいは、非常に大きな外的要因（世界的な大不況など）が原因で、抵抗しようがない荒波にのまれてしまうこともあります。

どのような要因にしろ、いったん縮小状態に入ってしまった場合には自社の行動を大きく変える必要があります。

縮小均衡の状態に入ったまま何もしないでいると、大概は次のような状態に落ち込みます。

　　縮小均衡になり、事業活動から活気が失われる
　　　↓
　　活気がなくなったことにより、益々縮小状態が進行する

↓
　最終的に従業員の給与や仕入先への負債、借入金が支出できなくなる
　　　↓
　倒　産

　どの程度のスピードで進行するかはわかりませんが、多くの会社がこのような状態に陥った結果、倒産の憂き目にあっているのです。
　よく「今は耐える時だと思うので」といって特に行動を起こさない社長さんがいらっしゃいます。こういった考え方で乗り切ることができる場合もたしかにあるでしょう。
　しかし、受け身の姿勢でいることで事態が好転することは決して多くはありません。縮小状態に陥った状態でこそ、自社事業や業界の動向をよく研究し「何をやらなければならないのか」ということについて考え続ける必要があります。
　縮小状態において求められているのは再生です。再生するために一番邪魔になるのは自社の[①　　]です。自社や業界の常識を徹底して疑い続けることが縮小状態では求められています。
　実際に縮小状態に陥った会社がそれまでとは違った客層に売り込みをかけて大復活をしたような事例はたくさんあります。事業の健全性を取り戻し、利益をあげて自己資金を獲得し、資金繰りを改善するためには常識を疑うことが必要不可欠なのです。

　縮小状態に入った場合に考えるべきことについて、少し具体的にみていきましょう。
　複数の事業を行っている場合には特に「続けるべき事業は何か」「止めるべき事業は何か」についてよく検討する必要があります。

---
① 常識

縮小状態に入ると、ただでさえ不足しがちな資金や時間といった貴重な資源が益々不足してくることになります。そして資金や時間が不足することで余計に事業活動が停滞し、さらに資金や時間が不足していくという負の循環を形成します。

　事業経営の基本は① ◯ です。

　少ない経営資源を色々な事業に分散してしまっては、効率的に成果を出すことは望めません。

　大手企業ならば複数の事業を行っていることによって「あちらの不景気をこちらの好景気で穴埋めする」といった効果も期待できるかもしれません。

　しかしながら、小さな会社においてはそのような効果はあまり期待できません。結局どの事業からも成果を得ることができず、中途半端な結果に終わることが多いのが現実です。

　業態の変化についても検討が必要です。これは自社の常識を疑うことにつながります。

　例えば製造小売業を営んでいる会社において、「販売するのは自社製品のみだ」といった常識にとらわれていることも多いようです。しかし同じような商品をより安く製造している他社が存在するのであれば、そちらから完成品を仕入れてしまった方が小売業において有利になるのではないでしょうか？

　自社がやるべきことを製造小売業ではなく、小売業に転換してしまえば良いのです。

　この手の問題は行き詰っている中小零細法人は多くみられます。「こだわり」といえば美学のように聞こえますが、実際には「頑固さ」にしかなっていないようなケースがとても多いです。

　事業において最も大切なことの一つに、「事業とは② ◯ がいて成立

---

① 集中　　② 顧客

するもの」というものがあります。顧客の要求をかなえたり、顧客に価値観を提示して購入してもらえるからこそ会社というものは存在することができるのです。

　自社のやり方にこだわり過ぎるがあまり倒産してしまっては元も子もありません。顧客にとって受け入れてもらいやすい方法を考えなければなりません。

　その際、なるべく身軽になれるような仕組みを作るべきです。

　基本的な発想方法は①☐の活用です。自社で何でもやろうとすると身動きが取れなくなってしまいます。

　設計段階は外に出す、逆に設計のみに集中して製造は外に出す。最終的に自社が市場に提供しなければならない商品を提供することができれば、自社の事業は守ることができるのです。

　事業について集中を進めたり、業態の変化を考える際には、ある一つのポイントについて深く検討する必要があります。

　それについては次の項目で少し詳しくみていきます。

---

①外注

2. 自社の強みを確認しておく

> **ポイント**
> - 顧客は自社の何にお金を支払っているのか考える
> - 強みを伸ばす方法を考える
> - 強みが発揮できる事業に集中すべきである
> - 強みが発揮できる業態に変化すべきである
> - 客観的な情報を集めるべく努力をする
> - 自社の悪い点を把握することは程ほどに
> - 自社の強みを活用して取引先を元気にする努力をする

縮小傾向に入り、事業の取捨選択や業態の変更を考えなければならなくなった場合、常に考えておかなければならないことがあります。

それは① _____ です。顧客が自社のどんなところに対してお金を支払ってくれているのかをよく考えなければなりません。

現代において、まったく競争相手が存在しない事業というものはほとんど存在しません。逆に言えば、それまで事業を継続できたということは、自社を選んでくれていた顧客が確かに存在しているということです。

・社長さんの人柄が素敵
・他社に比べて品ぞろえが豊富
・対応が丁寧で早い
・昔からのつきあいで信用がある

縮小傾向に入っている状態において、新しく自社の強みを開発する

---

①「自社の強み」

のはなかなか大変です。

　強みを作り育てるのには大変長い時間と資金が必要になります。つまり、今持っている強みを最大限活かし、そこから打開策を見つける方が現実的だと考えるべきです。

　社長さん個人に対する魅力が強みならば、顧客との接点において社長個人の人間性を前面に出していかなければなりません。

　まずは「電話対応は基本的に社長さんがやる」「店舗に社長自らが出ていく」「商品棚に社長さんからの一言を書いたポップをつけておく」「顧客への請求書に社長さんからの手紙を同封する」といったような、社長と顧客との①［　　］を増やすところから始めてみるべきかもしれません。

　こういった行動を続ける中で、顧客や見込み客に対してより強く「社長さんの魅力」を伝える方法を考えていかなければなりません。

　品揃えが豊富であることが強みなら商品提示の方法を考えるべきでしょう。見やすい陳列方法や分かりやすいカタログを作る必要があるかもしれません。

　対応の丁寧さやスピードが強みならそれをより磨く必要があります。個別の顧客ごとに対応を変えるといった臨機応変さや、午前に注文があったら午後には届けるといった迅速さが求められるでしょう。

　昔からのつきあいが強みならば、その伝統を前面に押し出すべきです。「明治〇〇年開業！」といった新興企業には決して出せない歴史とその重みを上手に顧客などに対して伝えていかなければなりません。

　場合によっては既存の強みを活かすために新しい力を身につけなければならなくなることもあるでしょう。しかし、事業が縮小傾向にある状態で「あの力も」「この力も」と身につけている余裕はないはずです。だからこそ、②［　　　　　　］を基軸に、それを活かす方法を考えなけれ

---

①接点　　②既存の強み

ばなりません。

　上記のことは、資金繰り上も大変有効な手段となります。資金繰りが下手な会社の多くは自社の強みを活かしていません。自社の強みに対して積極的に資金や時間を投じていく会社が、結局は利益をあげて自己資金を獲得することができるのです。

　縮小傾向に入った会社が小手先の対策で資金繰りを改善させることは難しいです。①□□□そのものの健全性をなるべく早く取り戻す必要があります。

　事業の取捨選択や業態の変更においても土台となるのは強みです。

　例えば社長個人の魅力が強みならば、社長は製造現場で物作りに励んでいるだけではいけません。顧客や見込み客との接点に注力する必要があります。場合によっては製造に関しては、社員に任せるなり外注を活用することを検討する必要があるでしょう。

　製造技術に定評があるならば、その品質を相手に伝達する方法を考えなければなりません。「顧客に魅せる製品テスト」や長時間使用した場合の磨滅損耗具合といった目で見て分かりやすいような資料を提示する必要があるでしょう。また設計についてはあえて自社でやることにこだわらず、外部から請けることなどを検討しなければなりません。

　ともかく、縮小均衡に陥っている会社にとっては余計なことをやっている暇はないのです。顧客が認識している自社の強み、つまり②□□□□□を見つけ、そこに注力する必要があります。

　資金・時間ともに限られている状況だからこそ、自社の業務をなるべく限定していく必要があります。自社の強みを認識するにあたり、内側のみで考えていてもなかなか正解にはたどり着けません。顧客から意見を募るなり、客観的な情報を集めることをしなければなりません。

　恥ずかしがっている余裕もありません。「ウチの会社ってどんなとこ

---

① 事業　　② 利益の源泉

ろが良いですかね？」と素直に質問していくことをお勧めします。

　ここで忌憚ない意見を集めることが事業の改善につながります。

　このように外部からの意見を求める場合、よくあるのは「自社の問題点をお聞かせください」といったものかと思います。

　もちろん問題点を把握し、その解決に努めることも有効な手段にはなるでしょう。しかし、この方法はほどほどで止めておくことをお勧めします。

　ただでさえ資金や時間が限られている状態にあって「品揃えをもっと増やして欲しい」などと言われたところで対応ができるでしょうか？

　自社の問題点というものは、大概の場合「他社の長所の裏返し」だったりします。つまり、問題点の解決というものは「他社のモノマネ」になってしまう可能性が高いのです。これでは自社の① ブランド を確立し、他社にはない地位を築き上げることはできません。

　問題点の解決は「自社の強みを発揮する上で障害となるもの」に限定していくべきです。

　このように自社の強みに立脚した事業再生を目指そうとする場合、最後に是非とも考えていただきたいことがあります。それは、「自社の強みを活用して取引先を元気にすること」です。

　自社の業績が悪いときというのは取引先の業績も悪いものです。そして、事業というものは顧客が存在して初めて成立するものです。

　取引先に元気がない状態で自社だけが健全な状態に戻ることはできません。自社の強みを目一杯に活用し、取引先がより良い事業環境を築けるように努力しなければなりません。

　調達のスピードが自慢ならば、取引先にもその利点を活用してもらうべきです。多少割高な単価でも自社を使ってくれる取引先は現れるはずです。

---

① ブランド

社長個人の魅力が武器なら、いっそ社長さんがちょっとした有名人になることを目指すべきかもしれません。「あの有名社長が作っている部品を使った製品です」という宣伝文句は、取引先にとって十分に活用する価値があるのではないでしょうか。

　取引先の業績が改善することは自社の資金繰りを改善させるために必要不可欠です。そのためにも既存のやり方にとらわれることなく、自社の強みに立脚した独自の事業運営を心掛ける必要があります。

3. 営業活動の重要性

> **!ポイント**
> - 縮小時こそ営業や宣伝広告を大切に
> - 今までとは変わったことをやる必要がある
> - 事業の縮小は投資効率の低下が原因である場合が多い
> - お金をかけなくてもできる方法はないのか考える
> - 接点（タッチポイント）の再設計を心掛ける
> - まずは手堅い成果を狙うべき
> - 支出と収入の因果関係を測定する

事業が縮小状態に入ったときに営業活動を止めてしまう社長さんが少なからずいます。

「どうせやっても無駄だし」とあきらめムードに支配されてしまうのです。

当然のことながらこの姿勢は正しくありません。

事業が苦しいときほど、営業や宣伝広告はしっかりとやらなければなりません。

不況になると真っ先に削られるものは3K（交通費・交際費・広告費）だという考えがあります。しかし、この考え方はあまりにも安直です。縮小時に身動きをせず、顧客との接点を減らし、自社の商品をアピールする機会を作らず、どうやって事業を改善させるのでしょうか？

無論効果が出ていない3Kは厳しく削減しなければなりません。しかし、3Kと呼ばれるものを一律に削減することは、縮小傾向をより一層加速させるだけのことです。

営業や広告宣伝では今までと変わったことをやる必要があります。同じ費用・支出を投じるのであれば、従前とは違った手法を試してみることをお勧めします。

事業が縮小していく原因の一つに効率性の低下があります。

例えば今まで100の支出に対して200の収入を得られていたのが、同じ事業を繰り返している間に100：150、100：120と下がり続け、最後には100：90と、支出に対して収入が下回るようになってきます。

これは制度疲労と呼ばれるもので、簡単に言えば「飽き」です。

このような効率性の低下に対抗するためには①□□□が必要です。

費用に対する収益、支出に対する収入がなるべく高まるようにするためには少し変わったことをするなり、マンネリ化を防ぐための工夫が必要です。

その一つの証拠として、成長を続けている会社というものは常に新しい商品やサービスを提供していることが挙げられます。事業を根本からひっくり返すような大きなものからちょっとした気遣いまで、成長している会社というものは良い意味で取引先を驚かせるような工夫を絶やさないものです。

今までとは違った観点からの営業や広告の手法を試すには費用・支出が絶対に必要というわけではありません。前項でもご紹介したような社長さんの電話応対や手書きポップなど、手軽にできるものも沢山あります。

前項で触れた②□□□（タッチポイント）という考え方があります。

タッチポイントとは会社と顧客との接触がどこで行われているのか、という視点です。例えば小売業ならば、

・店員が商品棚に陳列している間

---

①刺激　　②接点

・顧客が商品棚から商品を選ぼうとしている間
・レジ応対
・店構え
・電話応対

　このあたりがタッチポイントといえるでしょう。
　この各タッチポイントでどのように顧客と良好な関係を築くことができるかによって自社の業績は大きく変動します。

・陳列の方法
・店員による適切なアドバイスなど
・対応が丁寧か
・魅力的な店構えになっているか

　こういった点は縮小時にこそ研究しなければなりません。
　これらの点を改善するためには特別な費用や支出は必要ありません。考えて行動し、結果を測定することを忘れなければ得られるものは必ずあります。
　大きな成果を狙い過ぎることはあまりお勧めできません。
　繰り返しになりますが起死回生の一発というものは上手くいきません。
　限られた手元資金と時間でできる新しい方法を実行し、堅実な成果を得ていくことを狙っていきましょう。
　その際には行動と結果の①　　　　　　をしっかりと把握するようにしてください。古い広告と新しい広告を両方試した場合、どちらの広告をみて新しい顧客が来たのかをしっかりと認識しなければなりません。
　繰り返しになりますが、事業縮小時にはただでさえ効率性が低下しています。

---

① 因果関係

自社の強みに根ざした新しい営業・広告手法を実行し、効率性を高めて事業の健全性を取り戻す必要があります。

4. 借入と借換

> **ポイント**
> - 借入金の活用は最も簡単な方法ではあるが、根本的な解決方法ではない
> - 事業全体と借入の比率が悪化することが怖い
> - 当面の支出を減らすことを目指す
> - 基本は「大きく」「長く」、制度融資などをフル活用
> - 単なる延命目的の借入にならないようにすること
> - 借入で生じた猶予期間を使って強みに根ざした事業を再構築する
> - 投資資金を期待するのは難しい
> - 提示すべきは一発逆転の奇策ではなく具体的な行動計画

　事業が縮小傾向に入った場合に最も簡単にできる資金繰りの改善方法が借入や借換の活用です。

　しかし、借入金を活用する方法が資金繰りの根本的な問題を解決する方法にはなり得ません。

　本書で繰り返し指摘していることですが、資金繰りを改善する最良の方法は事業自体の健全性を取り戻し、利益をあげて自己資金を獲得することです。

　事業が縮小状態に入った場合に最も怖いのが① _____ の存在です。
　単純な比率の問題で考えてみるとわかります。

〇 売上が5億円ある状態での5,000万円の借入金
〇 売上が1億円ある状態での5,000万円の借入金

---

① 借入金

○ 売上が 5,000 万円ある状態での 5,000 万円の借入金

　最初は一番上の状態だった会社が、縮小傾向に入ると二番目に、最後には三番目の状況に変わっていきます。

　感覚的な理解で十分ですが、下に行けば行くほど苦しい状態になっていくことは容易に想像がつくのではないかと思います。

　本来であれば、売上の金額が下がればそれに伴って必要な資金量が減少、つまり①□□□の金額が縮小しなければなりません。

　ところが事業規模が大きかったころの借入金が会社に重くのしかかってくることになります。

　借入の返済額は売上が大きかろうが小さかろうが変わることがありません。借入に頼った経営をすると支出額が固定されてしまうのです。事業の拡大期において借入金に頼り過ぎた場合、このような問題点を抱えることになります。

　縮小傾向に入った場合には、とりあえず支出を減らすことで当面の資金繰りを助けることを考える必要があります。ただし、繰り返しになりますがこの対策は根本的な解決ではないということを理解しておかなければなりません。

　縮小傾向に入った状態において借入金を活用する場合には「金額は②□□□（ただし返済できる範囲で）」「期間は③□□□」「金利をなるべく④□□□」するように留意しなくてはなりません。

　まず「大きく」ですが、無理して少額の借入をして結局すぐに使い果たすくらいならば、少し余裕をもって大きく借りておき、資金的な余裕を作っておいた方が良いです。収入に余裕をもたせておくことで、後々の支出に備えることもできます。

　もちろん「返せないお金」を借りてしまうわけにはいきませんので、自社の資金繰りを考える上での常識的な範囲において、やや余裕を

---

①支出　②大きく　③長く　④安く

もった借入を心がけていただく必要があります。

次に「長く」です。

こちらも金額と同じように縮小状態に入っているのに無理して短めの期間で借りても仕方がありません。でき得る限り長めの期間で設定することで支出を絞ることができます。

最後の「金利をなるべく安く」は支払利息を減らす、つまり支出を減らす効果を期待しています。

返済期間や金利については第４章「維持」の借入と借換に関する項目で説明したことと変わりありませんが、借入の額に関しては少し余裕をもって借りてもらうことをお勧めします。

事業が縮小傾向に入っている場合には収益・①_____ が細ってくることから資金が不足しがちになります。事業の健全性を考えれば借入金が少ない方が良いに決まっていますが、縮小傾向にあって理想論ばかりを掲げていても仕方がありません。

ある程度の余裕ある資金繰り、つまり収入を多めにして支出を減らすことで事業そのものの健全性を取り戻せるのであれば、少し多めに借りておくという選択肢も十分に検討の余地はあります。

その際には不況時の対策などで導入されている制度融資の活用も研究してみなければなりません。

ただし、このような借入金を単なる延命目的としないことが最も重要です。

それまでの事業運営が通用しなくなったからこそ縮小傾向に入ってしまったのですから、「事業の②_____ を変えること」が必要なのです。縮小傾向に入ってから借入・借換をする場合、早急に事業そのものを健全にするための行動に移らなければなりません。

---

① 収入　　② 仕組み

借入・借換によって得られるものはお金というよりも時間です。収入を一時的に増やしたり、支出を遅らせることで会社を存続させるための[①　猶予期間　]が与えられることになるのです。その猶予期間を用いて事業を立て直さなくてはなりません。

　そしてその際には本章でも確認した自社の強みに根ざした事業を目指さなければなりません。

　自社の強みを活かせる分野として選択された事業に対して、借入・借換によって一時的に生じた余裕資金を集中的に投じることが求められています。小さな会社には余計なことをやっていたり、ただ待っているだけの資金的・時間的余裕は存在しないのです。

　最後に設備投資などの資金について簡単に説明します。

　事業そのものが縮小傾向に入ってから、一発逆転のために設備投資などを行おうと借入を起こそうとするような社長さんがいらっしゃいます。

　このような考え方に対して金融機関などが融資をしてくれる可能性は著しく低いと覚えておかなければなりません。

　金融機関も事業ですので、回収の見込みがない会社や事業に対して融資をすることはできません。このような起死回生の一発を狙った策が成功する確率が低いということも説明してきました。小さな会社が行う設備投資の多くが期待していたほどの効果を生んでいないことを金融機関は知っています。

　そもそもの見通しの甘さや行動計画の杜撰さなどがその理由です。ましてやそれが一発逆転の奇策ともなれば、その成功率がどれ程のものかということは簡単に想像できます。

　小さな会社として狙うべきは一発逆転のための奇策ではありません。

　今ある持ち物をより効率よく使うための方法であり行動です。借入・

---

① 猶予期間

借換により得られる時間を使って自社がどれだけのことを行うことができるのか、という点について金融機関などを納得させる必要があります。

　大切なことは自社事業に埋もれている可能性や見通し、それに具体的な行動計画などを考え、実行に移すことです。それができなければ、縮小状態に入った小さな会社に対して融資をしてくれる金融機関などを探すことは難しいでしょう。

5. 決済のタイミング

> **ポイント**
> - 「収入は早く」「支出は遅く」の原則は変わらない
> - 信用力の低下は事業に致命的なダメージを与える
> - 相手から自社が不利になる取引を持ちかけられることも多い
> - 縮小傾向に入る前に行動しておくことが大切
> - 決済は事業を盛り上げる道具として利用すべき
> - 決済期間と単価設定はセットで考える

あらためて取引の決済についても考えてみます。売上代金の回収や仕入代金の支払いについても、これまで確認してきたことと変わりはありません。「収入（売上代金の回収）は早く」「支出（仕入代金の支払い）は遅く」。

ただ、事業そのものが縮小傾向に入っている状態で「支払いを遅らせてもらえませんかね？」なんてお願いなどすれば、ほぼ確実に取引先から疑いの目で見られることになるでしょう。

事業を継続していく上で最も大切なことの一つは① ☐ です。

縮小状態に入った会社は、なりふりかまわず自社に有利な取引形態を作ろうとしてその信用を壊してしまうことがあります。それでは事業の再構築・再発展を実現することが不可能になってしまいます。

ついでにいえば、自社が縮小傾向に入っている場合には取引先も縮小傾向に入っている可能性が高いので、自社が不利になるようなお願いを相手からされる可能性があります。景気が悪くなった途端に元請けから「代金の支払いは一月伸ばします」といった通告をされてしまう

---
① 信用

ようなケースは少なくないのです。

このことからも縮小傾向に入ってから行動を起こすのでは遅いということがよくおわかりいただけるかと思います。できれば事業を維持できている状態の内に少しずつでも自社が有利になるような取引形態を構築する努力を続けていることが大切です。

そうはいっても「時すでに遅し」という場合もあります。そこでヒントとして、決済を事業そのものに有効活用しているような事例をみてみたいと思います。

例えば「現金払い専門で低単価」を売りにしているケースがあります。

大手小売店の一部では、クレジットカードの利用ができないようになっています。その場で現金払いをしてもらうことを条件に低単価を実現することで、来客数の増加や在庫の回転を早めることに成功しています。

自社で使える回数券を販売するのも収入を早める効果があります。ガソリンスタンドの洗車券などが該当します。

ポイントカードを使うのも広い意味では決済取引を利用しています。「500円以上で5ポイント」といった形で顧客の購入を促すことで、現在の収入を増やすことができます。もちろん将来には「お金にならない仕事」が発生することになりますので、高すぎるポイントの付与は自社の首を絞めかねないことになります。

上記のような動きとは逆に、売上代金の回収を先延ばしすることで単価を向上させるような方法を取り入れている会社があります。

上の三つは「①〇〇〇を早くすることで収益を犠牲にしているパターン」でしたが、中には「②〇〇〇を遅らせることで収益を伸ばしている

---

① 収入　② 収入

パターン」も存在するということです。

　同業他社が一ヵ月先の支払いで単価100円のところを、自社では二ヵ月先の支払いで単価110円に設定しているようなケースです。

　これらのことから分かるように、決済期間と[①　　]は密接な関係にあります。

　代金回収までの期間が長いならば単価は高く設定されなければなりません。期間が短いならば単価は多少低く設定されてもかまわないでしょう。

---

① 単価設定

6. 生活費

> **❗ポイント**
> - 生活レベルを落とす覚悟を決める
> - 私生活でも常識を疑う
> - 捨てても良いもの、止めても良いことを考える
> - 縮小期は自分にとって本当に大切なものに気がつくことができるチャンス
> - それでも適度な刺激を維持する
> - 保険の解約は必要部分までやらないように気をつける

　縮小の時期に入った場合、経営者はあらゆることに対して変化を求められることになります。商品の売り込み先や仕入れルートの吟味など、あらゆることが変化の対象とされます。

　なかでも最も変化することが難しく、かつ最後まで手をつけられないのが生活費です。

　よく言われることではありますが、人間は一度贅沢をしてしまうとなかなかその味を忘れることができません。また拡大期や維持期において自宅を購入するなどしている社長さんも多く、そのことにより私生活の支出を削ることがさらに難しくなっています。

　大変なことだとはわかっていますが、それでも要求をします。

　私生活においてある程度の我慢をすることを覚悟しなければなりません。外食やお酒、車や旅行などの嗜好品について、ある程度のあきらめを覚悟しなければなりません。

　私生活においても^①□□を疑う必要があります。それまであたりまえ

---

① 常識

だと思っていたことや怠慢に過ごしていることを見直さなければなりません。

私生活においても効率性の観点は非常に大切です。

その支出から社長さんやそのご家族、ご友人が本当に高い満足を得ているのでしょうか?

不思議なことに、多くの社長さんが「別に旅行に行きたいわけでもないんだけど」と言いながら海外旅行に行かれていたりします。

私生活においても「捨てるもの」と「止めるもの」を考えてみてください。

拡大期などにおいて、何となく始めたような趣味を惰性で続けているような社長さんがよくいらっしゃいます。実はもうその趣味には飽きているのに、特に理由もないことから止めるに止められないのです。

事業の縮小期はそういった何となく続けているものを捨てたり止めたりするには最適の時です。幸か不幸か、縮小期には余計なことをやっている暇はありません。自分にとって本当に大切なもの以外、残している余裕はないのです。

縮小期において自分が大切にしていることにあらためて気がつき、再起を果たしたような方は数多くいらっしゃいます。貴重な資金を自分のゆずれないことに①[　]することで、大きな満足を獲得することもできます。

これも立派な資金繰りの一環です。

そうはいっても、新しい分野への興味を持ったり出会いを求めることはとても大切です。

縮小期にはただでさえ気分が憂鬱になりがちです。その状態で決まり切った毎日ばかりを送っていては事業でも私生活でも気が滅入ってしまいます。

---

① 集中

自分に対して適度に刺激を与え続けることも社長さんの大切なお仕事です。あまりお金はかけられませんが、新しい趣味に取り組むことで事業に良い影響が出ることもあります。

　最後に保険契約について考えてみます。
　事業が縮小傾向に入ると保険契約を一斉に解約される方が多くいらっしゃいます。
　たしかに、無駄な保険であれば解約することを積極的に検討すべきです。ただし① [　　　　　　] まで削ってしまわないように注意してください。
　ただでさえ事業が苦しい状態で社長さんに万が一のことがあった場合、残された遺族や会社は大変な苦労を強いられることになります。
　適切な保障額はどの程度なのかということは事業や私生活の状況によって常に変わり続けます。
　とりあえず保険契約をするだとか一律に解約するという姿勢ではなく、現状に適した契約を維持することを常に心がけてください。

---

① 必要な保証

7. 撤退

> **❗ ポイント**
>
> ・撤退は立派な経営判断
> ・資金的に余裕がある内に撤退すべき
> ・社員や借入金など、撤退には相当に時間がかかる
> ・他人（社員や同業者）に譲り渡す方法も考えられる

　事業や私生活について考えてきましたが、それでもどうにもならないことはあります。

　残念ながら事業そのものが明らかに時代遅れになってしまったり、社長さんの年齢や健康問題が原因で事業の継続が困難となるケースなどです。

　小さな会社の多くにおいては、このような場合には最終的に撤退を決断することが必要になります。そして、それは社長さんが意思をもって決断すべき経営判断の一つです。

　何となく潰れるのではなく、① ___ に潰すという姿勢が必要になります。

　これにはきちんとした理由があります。

○ **撤退には資金が必要であるため、早めに判断をしないと撤退したくてもできなくなる。**
○ **社員の処遇や借入金の処理などには時間もかかる。**

　一番危険な撤退の方法は「何となく続けているうちにどんどん苦しくなってきた」というケースです。状況が悪くなる一方なのに特に対応

---
① 意識的

もせず、撤退も判断できないまま事業を継続してしまったことから最悪の形での倒産を迎えるような例は後を絶ちません。繰り返しになりますが、上手な撤退は余裕がある内にすべきです。

　もう一つの選択肢として①_____だけが引退する方法があります。社員の誰かや同業者に事業を譲り渡すようなケースです。最近ではこのような方法もよく行われるようになってきました。

　社長さんが変わるということは小さな会社にとっては想像以上に大きな意味合いを持ちます。極論を言ってしまえば、社長さんその人が会社そのものと表現することができます。経営トップを入れ替えることで社員や取引先、顧客に迷惑がかからないのであれば、それもまた一つの方法であると言えるでしょう。

　ただし、この方法をやるにしてもやはりタイミングが重要です。どうにも身動きが取れなくなる前に決断をしなければなりません。

　撤退、身売りともに多くの小さな会社の最後に待ち受けている現実です。感傷的な気分になるのは仕方がありませんが、ある意味において最も②_____に判断をしなければならない場面です。

　最後は社長さん自らの手で決断しなければなりません。

---

①社長さん　②合理的

第6章　節税

最後に節税についてとりあげます。
税理士という職業上、節税については常に考えています。
しかし、私は現在の「節税ありき」の税理士業のあり方に
大きな疑問を持っています。
残念ながら、税理士や社長さんが主導して行った節税策が原因で
倒産している会社が多数存在します。
なぜそんなことが起こるのか、本章で解説していきます。

税金とのつき合いは事業経営において常に考えなければなりません。
税金を嫌うのではなく、コントロールする気持ちを持つことが大切です。

1. 本当に節税は良いものなのか?

❗ポイント

- 税金は利益に対して課される
- 一般的な節税策によって起こるのは「支出の増加」である
- 節税による費用の増加額が減少する税額以上になることは基本的にない
- お役所に対する偏見は捨てた方が良い
- 保険会社に過度な期待をするのはやめた方が良い
- 一般的な節税策のメリットを享受するには長い時間が必要である
- 節税策を原因として無自覚に会社が大きくなってしまうことがある
- 赤字の会社にとって節税策はあまり関係がない
- 会社に必要なのは税金を減らすことではなく、利益をあげ自己資金を獲得すること

税金は事業を継続していく上で大きな障壁となります。

まず理解をしておかなければならないのは「税金は利益に対して課される」という点です。① [　　　　　　] に対して課税されるわけではないのです。

以下のような事例を考えてみます。

---

① 現金収支額

○ **税金計算前の状況**

現金期首残高	100
当期収益	200
当期費用	80
当期利益	200 − 80 = 120（収益−費用）
当期収入	200（売上代金の回収）
当期支出	170（費用代金の支払い80・借入金の返済90）
当期現金収支額	200 − 170 = 30（収入−支出）
現金期末残高	100 + 30 = 130
税率	40%

それぞれの数字の意味があやふやな場合、第1章を再確認してみてください。

上記の例において、この会社がいくらの税金を負担しなければならないのかおわかりでしょうか？

正解は、120（利益）× 40%（税率）= 48（税額）です。利益と税額、それに現金収支額の関係について、ぜひ認識してください。

利益	120
税額	48
現金収支額	30（税金支払い前）

この例では、税額が現金収支額を上回っています。つまり、120もの利益を計上しているにも関わらず、現金残高は減少することになります。

○ **税金計算後の状況**

現金期首残高	100
当期収益	200
当期費用	80

第6章 節税

当期利益	200 − 80 = 120（収益−費用）
税額	120 × 40% = 48
当期収入	200（売上代金の回収）
当期支出	170（費用代金の支払い80・借入金の返済90）
	48（税金の支払い）
当期現金収支額	200 − 170 − 48 = △18（収入−支出）
現金期末残高	100 − 18 = 82

利益の額と現金収支額、そして税金のバランスによっては、① ◻ があるのに現金が減るということが現実に起こります。

ここで本章の主題である節税について考えてみます。

節税とは税金を減らすことです。では、税金を減らすためには何をすれば良いのか?

基本的な発想は、税金は利益に対して課されるのだから利益を減らせば良い。これが最もシンプルな節税策の内容です。利益を減らすためには、収益を減らすか費用を増やすことをする必要があります。

収益を減らすのは非常に難しいことです。これに手を出す場合、節税というよりも脱税（脱法行為）に該当してしまう可能性が高くなります。これは事業経営において許されることではありません。したがって、多くの節税手法は② ◻ を増やす方向を目指します。

節税について考える場合、この地点までは多くの社長さんが理解しています。しかし、次のステップを理解しないまま、税理士に言われた通りの節税策を実行し、「なんで節税したのにお金がないのかな～」と首を捻っているの社長さんがたくさんいらっしゃるのです。

費用を増やそうとする場合、かなりの高い割合で③ ◻ が増加することになります。例えば必要もない保険に入ったり、それほど欲しくも

①利益　②費用　③支出

ない工具を無理やり購入することによって費用が増加し、それにともない支出も増加することになります。

資金繰りの基本は、収入を多く・早く、支出を少なく・遅く、でした。これが鉄則です。しかし、多くの節税策ではこれとまったく逆の方法を求められることになります。

「費用を増やすために普段よりも多く仕入をする（支出の① ）」
「費用を増やすために前倒しで仕入れをする（支出が② なる）」。

もちろん、すべての節税策がこのような効果をもたらすわけではありません。しかし、手軽にできる節税策の多くがこのような性質を持っていることは理解しておかなければなりません。

先ほどの例を使って実際に確認してみます。税金を48だけ支払うのを嫌った社長さんが、保険契約に入ることにしました。

これによって費用が増えて利益が減少しますので、たしかに税金は減ることになります。

税金の計算について確認してみましょう。

当期収益	200
当期費用	80
保険費用	30
当期利益	200 － 80 － 30 ＝ 90（収益－費用）
税額	90 × 40％＝ 36

保険に加入したことにより、税額が48から36に減少しました。たしかに税金を減らすという目的は達成することができました。

では資金繰りの観点からみたらどのような状況になるでしょうか？

今度は現金収支もあわせて書いてみます。

| 現金期首残高 | 100 |

---

① 増加　　② 早く

当期収益	200
当期費用	80
保険費用	30
当期利益	200 － 80 － 30 ＝ 90（収益－費用）
税額	90 × 40％ ＝ 36
当期収入	200（売上代金の回収）
当期支出	170（費用代金の支払い 80・借入金の返済 90）
	30（保険費用の支払い）
	36（税金の支払い）
当期現金収支額	200（収入）－ 170 － 30 － 36（支出）＝△36
現金期末残高	100 － 36 ＝ 64

　節税策である保険契約を結んだことにより、[①]　　　　の残高が減ったことが確認できます。節税をしなかった場合、現金の額は82。節税をしたことにより現金の額は64に減少しています。

　繰り返しになりますが、節税の結果として発生するのは支出の増加です。保険の加入といった節税策を利用すると、支出が増加して現金は減るのです。

　また、増加する費用の額と減少する税金の額についても確認しなければなりません。

　上記の保険による節税では、保険契約によって30の費用・支出が増加しました。それに対して税金の減少幅は、48 － 36 ＝ 12だけに留まっています。30の費用・支出増加によって減少する税金は12だけなのです。

　節税策によって増加した費用・支出以上に税金の額が減少することは基本的にありません。上記の例では税率が40％ですので、節税策により増加した費用・支出30の40％相当額である12が節税されたことになります。

① 現預金

このようなお話をすると次のような反論を受けます。「税金をいくら払っていても国や地方は何も助けてくれないじゃないか」「保険に入っておけばいざという時に助けてくれる」「保険の返戻金があるから、結局は得ができるはずだ」。

　たしかに税金を払っても国や地方は直接会社を助けてはくれません。

　しかし、国や地方が会社を助けてくれないとしても、素直に①税金を支払った方が結果的に手元現金を多く残せるのであれば、無理に節税をしないほうが良い場合が確実にあります。

　別に税金を好きになる必要はありませんが、経営判断とは切り離して考える必要があります。

　保険会社は助けてくれる、というのも大いに疑問です。

　いざという時に備えて必要な保障を確保しておくことは大変に重要です。しかしながら、節税を目的に、多すぎる保障に入ることが本当に社長さんや会社、遺族や社員の方々のためになるのでしょうか？

　保険に入っていて助かる場合というのは、基本的に社長さんが亡くなったときです。私だったら死んでから金持ちになるより、生きているうちにそこそこお金持ちになれる方法を選びます。

　保険会社からお金を借りる場合にしても同様です。

　そもそも保険契約に入らなければ手元に②現金は残しておけたのです。それをわざわざ保険会社に一度支払ってからあらためて保険会社からお金を借りるという行為に合理性があるとは私には思えません。

　そして節税用保険の宣伝文句としてよく使われる返戻金についてです。

　通常、返戻金を有利に受け取るためには少なくとも数年、長ければ25〜30年もの長い時間を必要とします。皆さんはその頃まで自社が資金繰りにも困らず、健全な状態を常に維持できると自信をもって言え

---

①税金　②現金

るでしょうか? そもそもそんな会社ならば、節税策など打つ必要はないのではないでしょうか?

　節税による弊害はまだまだあります。その筆頭が無自覚な成長です。
　会社にとって成長が善とは限らないという話は第3章「拡大」においても取り上げました。小柄であるからこそ高い利益率を実現し、自己資金を順調に獲得していることは小さな会社においてよくあることです。
　ところが何気なく採用してしまった節税策が原因で会社が① [　　　] なってしまうことがあります。
「節税のために新しく工場を建てることにした」「税金を払うのがもったいないから車を購入することにした」。こうやって新しいものを建築・購入することにより、会社は無自覚に大きくなっていきます。
　しかしそうやってもたらされる成長の多くは会社の体質をメタボリックなものへと変えていきます。小柄で筋肉質だった会社が、眼の前の税金を減らすことを目的としたばかりに皮下脂肪でブヨブヨの見るも無残な状態に変わり果てるのです。
　成長は意思をもってしっかりとやらなければなりません。ましてや節税を目的とした成長など論外です。

　そして最後に、節税とは税金を減らすためのものです。
　そもそも税金が発生しない② [　　　] にとって、節税はそれほど関係がありません。もちろん消費税などの利益とは直接関係のない税金については別です。しかし、そういったいくつかの例外を除けば赤字会社には節税など必要ないのです。

　ここまでのことを短くまとめると次のようになります。
　会社にとって重要なことは税金を減らすことではありません。

---

① 大きく　② 赤字会社

利益をあげ、そこから自己資金を獲得し、資金繰りを安定させ、社員や取引先、顧客などの利害関係者に対して一定の責任を果たしながら自社の存続を図ることです。

 この大前提を忘れて行われる節税策の多くは、短期的には会社にメリットをもたらすとしても長期的には何ももたらしません。

2. 良い節税を選ぶこと

> **! ポイント**
>
> ・すべての節税策がだめなのではなく、自社の事業に合ったものを選ぶことが大切
> ・まずは事業の継続に必要なものを考える
> ・遅かれ早かれ買う必要があるならば、早めに買うことを検討しても良い
> ・良い節税とは「事業そのものを発展させるような適切な投資」
> ・買い過ぎ、前倒し、いずれもやりすぎに注意する

前項においては節税策を非難しました。しかし、すべての節税策が会社にとって無用というわけではありません。なかには事業の発展に寄与しながら税金を減らすことができる良い方法もあります。

大切なことは自社の事業に合っている節税策を選ぶことです。

まず大前提として、今後の自社事業の発展や継続といったことを考えるにあたり、必要になってくるであろうものについて考える必要があります。

・人材の育成
・新しい機械の導入
・場所が手狭になってきたので、新しい場所を探す
・必要な保障に入っていないので、万が一の事態に備えてリスク管理をしておく

これらはどれも大切なことです。こういった要素をまず考えることが効果的な節税を行うためには絶対必要です。

その上で、これら要素の中から早めに導入を進めるべきものや緊急に取り組まなければならないものを選びます。

遅かれ早かれ必要になるのであれば、少し前倒しをしてもかまわないでしょう。リスク管理が不足しているならば、早急に保険の契約などを検討すべきかもしれません。

つまり良い節税とは「事業に必要なものを① 適切なタイミング で導入していくこと」ということになります。

良い節税策を適切なタイミングで行える会社というものは、結果的に利益をあげ自己資金を獲得しています。そのサイクルが何回か回る頃には、下手な節税策を考える必要もなくなっていることがとても多いです。

よく出るお話をご紹介します。

「利益が数百万円のうちは節税策を必死に考える。利益が数千万円にもなれば、節税策を考えることなど止める」

利益を数千万円稼げるような会社になるためには、事業そのものを発展させられるような費用・支出以外は使うことができません。つまり、② 適切な経営判断 を続けていくことが、結果的には会社を税金の呪縛から解き放ってくれることにつながるのです。

念のために補足をしておきます。

いずれ必要になるものだからといって、買い増しや早めの導入をやり過ぎることには注意が必要です。

前提というものは変わるものです。その時には必要だったものが、一年先にはゴミに変わっていることも珍しくありません。節税というメ

---

① 適切なタイミング　　② 適切な経営判断

リットに引っ張られて判断を先走らせてしまい、後悔をしたようなケースも決して少なくはないのです。

　くれぐれも適切な経営判断を心掛けるようにしてください。

3. 捨てるということ、売るということ

> **ポイント**
> ・「捨てる」「売る」は非常に使い勝手の良い節税策
> ・ダイエットをして筋肉質な会社を目指す
> ・会社を守るためにも、余分なものがくっついていないか常に考える
> ・ダイエットは結果的に節税にもつながる

最後に少し変わった節税策について考えてみます。

「捨てる」「売る」の二つの作業による節税です。実はこの二つを駆使することで、一円のお金も払うことなく節税をすることができます。

会社の資産をチェックしていると、様々な経緯から自社の持ち物になったものが見えてくると思います。バブルの時代に何となく購入して資材置き場にしている土地。新しい事業を始めようと思って導入したけど、結局使っていない機械。当時はその地方に顧客が多かったので必要だった営業所。

これらはすべて① _____ の原因です。現在の会社にとって大して必要でない、あるいはまったくもって必要でない、むしろ害悪すらもたらしている可能性があるのがこれらの資産です。こういった不要な資産を捨てたり売ったりすることで会社のダイエットを図ることは、事業経営においてとても大切なことです。

気がつくと増えている無駄な部分をそぎ落とすことで、より筋肉質で締まった体の会社になる必要があります。そうすることで落ち気味だった効率性を取り戻したり、資金や時間といった会社の資源を強みに集

---

① メタボ

中させることができます。

気がつくと部屋の中に物があふれているようなことはないでしょうか？

事業でも同じで、同じことだけをやっているつもりでも気がつくと余計なものが増えています。限られた資源を有効に使うために、常に余分がものを抱え込んでいないかチェックする必要があります。

その際、くれぐれも自社の①□□を疑うことを忘れてはいけません。資材置き場なら、別に自前の土地にこだわるのではなく近所に空いている土地を借りたってかまわないでしょう。使うあてのない機械なら、売るなり捨てるなりすれば良いだけです。空いたスペースを使って、集中すべき事業がより効率的に行えるようになるかもしれません。場合によっては処分に多少のお金がかかってでも断固捨てるべきです。

営業所を維持するほどの顧客がその地方にいないなら、本社に機能をまとめてしまえば十分です。本社から出張する費用・支出と営業所を維持する費用・支出を比べれば、おそらく前者の方が軽く済むのではないでしょうか。

そして実はこれらのダイエット作業が節税にもつながるのです。具体的な例で示していきます。

バブル期に3,000万円で買った土地がある。自社から少し距離があるが、資材置き場として利用している。現在の時価は1,000万円程度である。
当期の見込み数字は以下の通り。

　　収益　6,000万円
　　費用　4,500万円
　　利益　1,500万円
　　収入　6,000万円（売上代金の回収）

---

① 常識

```
支出　6,000万円
　　　（費用代金の支払い4,500万・借入返済1,500万）

利益が出ることから、期末に数百万円の納税が発生する見込
みである。しかし資金繰りは厳しく、また既存の借入が多い
ため納税のための新規借入金をおこすことにも抵抗がある。
```

上記のようなケースにおいて、一円のお金を使うこともなく節税をしながら、しかも会社の資金繰りを助けるための一手があります。

それが上記の土地を売却するという手段です。

仮に時価の1,000万円で土地が売却できたとしましょう。この場合、各数字は次のように変わります。

```
収益　6,000万円
費用　4,500万円＋2,000万円＝6,500万円
　　　※追加の2,000万円は3,000万円（土地を買った
　　　　値段）－1,000万円（売った値段）
利益　6,000万円－4,500万円－2,000万円
　　　＝△500万円
収入　6,000万円（売上代金の回収）＋
　　　1,000万円（土地売却代）＝7,000万円
支出　6,000万円
　　　（費用代金の支払い4,500万・借入返済1,500万）
```

土地を売却したことによって次のような効果が生まれました。

○ 3,000万円で買った土地を1,000万円で売ったため、差額の2,000万円分費用の額が増えたので、利益がなくなった。

利益がなくなったので① [　　] が発生しない為、納税資金を用意する

---

① 税金

必要がなくなった。

○ ①[　　] が 1,000 万円増えた。

　新しい借入に頼ったわけではないので、返済の必要もない。土地の売却代金と不必要になった納税資金とを足せば、合計で千数百万円の資金繰りが改善されたことになります。

　もちろん、土地を売却したため新しく資材置き場を確保する必要があります。その際にはもっと自社から近い使い勝手の良い土地を借りれば良いのです。
　土地を借りる為に幾らかの費用・支出が必要かもしれませんが、その為の資金は土地を売却したことで 1,000 万円も用意されています。資材置き場が自社から近くなれば、移動や輸送の手間も省けます。より効率的な事業を行うことができるようになるでしょう。

　これと同じ効果は、不要な固定資産（車両や機械など）を廃棄した際にも得ることができます。
　小さな会社が保有する固定資産の中には、帳簿上価値が残っているものが多数存在します。帳簿上 100 万円の価値があることになっている使っていない機械を ②[　　] すれば、それだけで費用が 100 万円増えることになります。

　事業における取捨選択を進めることは、税金と上手なつき合い方をするためにも有効です。繰り返しになりますが、節税においても求められていることは変わりません。
「自社の強みに根ざした事業に集中する」「自社には向いていない事業はすっぱりとあきらめる。あるいは時期を改めることを考える」。

---

① 収入　　② 廃棄

結局のところ、事業において必要なのは適切な経営判断を繰り返すということなのです。

おわりに　〜　金勘定だけの人生は虚しい

　どれだけ志が高くても、金勘定が分からなければ自分のやりたいことを実現することは不可能です。事業を継続する上で「やりたいこと」ばかり考えていてはいけないのです。
　事業を継続するためには「やらなければならないこと」を考えなければなりません。その最たる例が「お金の使い方を考える」ということです。
　本書はその使い方のヒントを小さな会社の社長さんに提示するために書かれました。

　事業で成功する人と失敗する人の間で明らかに違うことがあるとすれば、やはり「お金を手に入れる方法」ではなく「お金と時間の使い方に対する考え方」だと私は思います。

　事業で成功する人は、自分が使う費用・支出に対して常に責任を考えています。
「その費用・支出をすることでどれだけ効率性を高めることが出来るか」「この支出によってどれだけの時間が短縮できるか」。こういったことを問い続ける姿勢を持つことが、成功する経営者にとって必要不可欠です。
　言い換えるならば、成功する社長さんは「成果を見据えて仕事をしている」ということになります。
　獲得しなければならない成果を手に入れる為に、現在必要なことは何なのかを必死に考えているのです。
　時間の管理は非常に難しいです。正直にいえば、資金管理以上に時

間管理の方が困難を極めるといえるでしょう。

　しかし、資金管理の品質を向上させることにより時間管理の品質を向上させることは可能です。「お金で時間を買う」というのも成功する経営者さんがよく口にする言葉です。

　そうやってお金と時間の使い方を考え、自分や家族、社員や取引先、顧客といった利害関係者を幸せにしていくことこそが企業経営の醍醐味なのではないかと思います。

　ところが、特にお金の使い方を知らないがばかりに、常にお金に関する不平不満を口にしながら仕事を続けている社長さんが少なくありません。

　とてももったいないことだと思います。

　金勘定に関する知識を身に付けることは、自営業者にとって充実した人生を送るために必要不可欠なことです。大切なことはお金を必要以上に好きにならず、嫌いにもならず、適度なレベルでコントロールできるようになることです。

　本書の執筆にあたっては、本当に多くの方々にご協力をいただきました。

　まず、私のような未熟な税理士を選んで下さつた顧問先の皆様。お客様との会話が本書を書くきっかけとなりました。わかりづらいお金ことを少しでもわかりやすく書きたいという思いが原稿執筆の原動力となりました。

　事務所でお手伝いをして下さつているＣさんのご協力なしには原稿を書き上げることは不可能でした。今後とも宜しくお願いいたします。

仕事面以外でも多くの方に支えられてきました。

　合唱や殺陣をやっていく中で感じたことの多くが、本書の中には取り込まれています。

　総合法令出版編集部の方々にも大変お世話になりました。
　本というものが著者一人では決して完成しないことがよく分かりました。

　ここまで私を育て、そして支えてくれた家族にも本当に感謝です。
　両親に妹、それに妻と子供の存在があればこその私の人生だと思っております。

　最後に、本書を手に取って下さった読者の方にも感謝の気持ちで一杯です。本当にありがとうございます。また何かの形で皆様にお会いできることを楽しみにしております。

　これからの時代、自分の人生を自分自身で「経営」することが求められています。
　そして「経営」は本当に面白いものです。
　一人でも多くの皆様に「経営」の面白さを感じていただけることが、私の心よりの願いです。

髙橋　昌也 (たかはし まさや)

1978年3月30日生まれ。中央大学商学部会計学科卒業後、ソフトウェア開発会社勤務を経て、父親が経営する税理士事務所に入所。結婚、子供の誕生などを経験しながら税理士試験に挑戦。2006年12月合格、2007年3月独立開業。2007年10月、ファイナンシャルプランナーの資格を取得。2008年8月、ビジネス実務法務検定2級合格。2008年12月、地建物取引主任者試験合格。趣味は高校時代より続ける合唱、殺陣、読書（1カ月で30冊目標）。

■髙橋昌也税理士・FP事務所

〒213-0012
神奈川県川崎市高津区坂戸2-17-8　ロードアンドスカイ1F
TEL：044-829-2137

積極的なマーケティングの活用により、開業1年目で顧問先・年間売上共に3倍を記録。顧問先に対しては対話の機会を設けることを心がけ、日常の事業運営から設備投資に関する相談まで、幅広く相談に応じている。
他の税理士から移ってきた顧問先からは「ここまで対応してくれるとは思わなかった」等の評価を得るだけでなはなく、適切なサポートを受けられず年間一千万円近くの赤字を出していた企業に対して対話、面談を継続的に行うことで、翌年度には数百万円の黒字を達成したケースもある。
他専門家との連携などにも力を入れており、弁護士・司法書士・社会保険労務士などと共同で業務にあたることも多い。

Eメール：taxtakahashi@af.wakwak.com
URL：http://park15.wakwak.com/~zeirishi/
ブログ：
　　http://www.all-senmonka.jp/all-senmonkablog/z-takahashimasa/

EYE LOVE EYE

視聴覚障害その他の理由で活字のままでこの本を利用出来ない人のために、営利を目的とする場合を除き「録音図書」「点字図書」「拡大写本」等の製作をすることを認めます。その際は著作権者、または出版社までご連絡をください。

いつも「お金がない」と嘆いている社長のための
資金繰りルールブック

2009年10月10日　初版発行

著　者　髙橋　昌也
装　丁　トサカデザイン（戸倉　巌）
発行者　野村　直克
発行所　総合法令出版株式会社

〒107-0052　東京都港区赤坂1-9-15
　　　　　　日本自転車会館2号館7階
電話　03（3584）9821
振替　00140-0-69059

印刷・製本　中央精版印刷株式会社

©2009 MASAYA TAKAHASHI, Printed in Japan
ISBN978-4-86280-178-4

乱丁・落丁はお取替えいたします。
総合法令出版ホームページ　http://www.horei.com/